Silvia Regelein

# Richtig schreiben mit der Wortkartei

Üben mit Kommissar Fuchs im 3./4. Schuljahr

Oldenbourg

# Inhalt

So arbeiten die Kinder mit der Wortkartei
Vorwort .................................... 2
Zur Arbeit mit der Wortkartei ................ 3
Kommissar Fuchs, Florina und Fidi ............ 6
Wörterliste mit dem Grundwortschatz ......... 7
Registerkarten ............................. 11
Karteikarten ............................... 12
Grundwortschatzwörter geordnet nach Rechtschreibfällen ............................... 50

# Vorwort

Richtig schreiben mit der Wortkartei: Dieser Band zeigt Ihnen, wie Sie Ihre Schülerinnen und Schüler sicher zum Rechtschreiberfolg führen.

Die Materialien ermöglichen individuelles und flexibles Üben und umfassen

- eine **Wörterliste** für die Kinder mit dem nummerierten Grundwortschatz und gebräuchlichen Ableitungen zum Nachschlagen und zum Markieren der bearbeiteten Wörter;
- analog nummerierte **Karteikarten** zu jedem Wort mit einem Lückensatz als motivierende „Minigeschichte", in den dieses Wort einzusetzen ist. Entsprechend dem altersgemäßen Interesse der Kinder an Detektivgeschichten ranken sich diese Lückensätze um Kommissar Fuchs, seine Tochter Florina und ihren Dackel Fidi. Auf die Rückseite der kopierten Karteikarten schreiben die Kinder jeweils das Lösungswort.
- ausführliche **Hinweise** zum Einführen und zur selbstständigen Arbeit mit der Kartei sowie Kopiervorlagen für Registerkarten mit einem täglichen Übungsplan.
- eine Übersicht über den nach Rechtschreibfällen geordneten Grundwortschatz für die Hand der Lehrerin*.

Die Vorteile der Arbeit mit der Wortkartei liegen zum einen in der klaren Strukturiertheit und zum anderen aber auch in ihrer Offenheit:

- Das selbstständige Arbeiten der Kinder nach individuellem Tempo entlastet Sie.
- Systematische und sich wiederholende Übungen (kein Übungswirrwarr!) sowie ein überschaubares Pensum führen zu einem sicheren Lernerfolg.
- Die zunehmende Anzahl der Karten im letzten Fach zeigt einen sichtbaren Lernzuwachs an.
- Zusatzaufgaben fordern leistungsstarke Kinder.
- Thematische Offenheit: Da keine bindende Reihenfolge zum Üben der Wörter vorgegeben ist, können Sie die Auswahl der Wörter auf den übrigen Unterricht (Sachunterricht, Arbeit mit dem Sprachbuch, Aufsatz) abstimmen und integrativ arbeiten.
- Sprachliche Offenheit: Die Kinder können auf Blankokarten individuell bedeutsame Wörter des „Klassenwortschatzes" eintragen und sich Detektivsätze zu Kommissar Fuchs, Florina und Fidi ausdenken und aufschreiben.

Ich wünsche Ihnen viel Erfolg für Ihre Arbeit.

*Silvia Regelein*

* Aus Gründen der leichteren Lesbarkeit und aufgrund der Tatsache, dass in der Grundschule vorwiegend Frauen unterrichten, wird der Begriff „Lehrerin" verwendet.

# Zur Arbeit mit der Wortkartei

## Lernvoraussetzungen

1. Die Kinder sind in die **Abschreibtechnik** nach der „Dreierregel" eingeführt:

   1) Wort genau betrachten und merken
   2) Auswendig aufschreiben und dabei mitflüstern
   3) Mit der Vorlage überprüfen

2. Sie beherrschen das ABC und können Wörter im Wörterbuch **nachschlagen.**

3. Sie können ein **Partnerdiktat** durchführen:

   – Kind 1 diktiert ein Wort.
   – Kind 2 schreibt es auf.
   – Kind 1 vergleicht mit der Vorlage und sagt dem Partner ggf., welche Buchstaben zu berichtigen sind (z. B. „Dritter Buchstabe falsch"). Auf Anhieb richtig geschriebene Wörter werden abgehakt. Falsch geschriebene Wörter schreibt Kind 2 später noch dreimal in sein Karteiheft.
   – Kind 1 diktiert das nächste Wort usw.
   – Dann diktiert Kind 2.
   – An einem neuen Tag diktieren sich die Kinder nochmals die zuerst falsch geschriebenen und inzwischen erneut geübten Wörter.

4. Sie beherrschen sprachliche **Fachbegriffe:**

   Laut, Buchstabe, Mit-/Selbst-/Umlaut, Doppellaut, Silbe, Namenwort, Begleiter, Einzahl, Mehrzahl, Wiewort, Tunwort, Grundform des Tunworts
   Im Lauf des 3. Schuljahrs: 1./2. Vergangenheit, Wortstamm, Vor-/Nachsilbe, Wortfamilie

## Vorbereitung

*Material für jedes Kind:*
Schnellhefter, Karteikasten (evtl. in Verbindung zum Geometrieunterricht selbst basteln), DIN-A5-Heft, kopierte Wörterliste (s. S. 7 ff.), kopierte Register- und Karteikarten (s. S. 11 und 12 ff.), zwei unbedruckte Registerkarten, Wörterbuch (z. B. „Findefix", Oldenbourg Schulbuchverlag GmbH, München 2004)

– Jedes Kind heftet die **Wörterliste** in einem Schnellhefter ab.
– Anschließend schneiden die Kinder die (evtl. auf weißen Zeichenkarton) kopierten **Karteikarten** aus, ordnen sie der Nummer nach und bewahren sie in einem **Karteikasten** auf. Dahinter stellen sie später die Registerkarten.
– Die Kinder üben in einem eigenen **„Karteiheft"** (im Folgenden kurz: Heft). Das Karteiheft ist zugleich „Schönschreibheft" und kann auch grafisch ausgestaltet werden.

## Auswahl der Trainingswörter

Für jede wöchentliche Übungssequenz wählt die Lehrerin etwa zehn Trainingswörter aus.
Beispiele zur Präsentation der Trainingswörter:
– Die Lehrerin gibt im Anschluss an den Sachunterricht einen Text mit den Trainingswörtern vor (Arbeitsblatt, Tafelanschrift).
– Die Kinder suchen zu einem aktuellen Thema (z. B. Winter) aus der Wörterliste passende Wörter heraus.
– Die Kinder suchen zu einem vorgegebenen Rechtschreibfall (z. B. Wörter mit a – ä, Arzt – Ärzte) aus der Wörterliste passende Wörter heraus (vgl. Übersicht auf S. 50).
Hinweis: Beim Behandeln eines Rechtschreibfalles sollte die Lehrerin die entsprechenden Wörter aus dem 1./2. Schuljahr wiederholen.
– Die Lehrerin gibt die Nummern der Karteikarten an (z. B. von häufig falsch geschriebenen Wörtern).
– Individuelle Trainingswörter: Die Lehrerin schreibt jedem Kind Wörter auf, die es bislang falsch geschrieben hat. Bei fortgeschrittener Übung suchen sich die Kinder diese Wörter selbst aus ihren bisherigen Arbeiten zusammen.

## Einführen der Kartei

1. Auf S. 6 lernen die Kinder Familie Fuchs kennen.
2. Mit einem auf Folie kopierten Text führt die Lehrerin die Kinder in die Arbeitsweise ein:

---

**Urlaub am Waldsee**
Kommissar Fuchs schwimmt im See. Seine Tochter Florina steht am Ufer und ruft:
„Komm schnell heraus!" Doch Kommissar Fuchs schwimmt ruhig weiter.
Florina ruft noch einmal: „Bitte, komm heraus. Es ist wichtig."
„Was ist denn?", schnaubt ihr Vater ärgerlich.
„Das sag ich erst, wenn du herauskommst", schreit Florina.
Schließlich klettert Kommissar Fuchs aus dem Wasser.
„Du kannst wieder reingehen!", ruft Florina.
„Ich wollte nur sehen, ob du meine Badehose anhast.
Ich kann sie nämlich nicht finden."

---

*Trainingswörter:*
Urlaub (254), Wald (272), See (212), schwimmt (210), ruhig (190), wichtig (275), ärgerlich (4), schließlich (201), klettert (125), wieder (276)

- Die Kinder suchen die Wörter heraus, die in ihrer **Wörterliste** enthalten sind, malen in der Liste das entsprechende Kästchen aus (als Zeichen, dass diese Wörter geübt wurden) und unterstreichen sie auf der Folie. Hinweis auf verwandte Wörter: Manchmal findet sich nicht das gleiche, sondern ein ähnliches Wort in der Liste, z. B. „ärgerlich" → ärgern. Dann wird das Grundwort geübt.
- Die Kinder suchen die passenden **Karteikarten** (Nummern als Hilfe).

## Beschriften der Karten

Gemeinsam werden etwa fünf Karten beschriftet, um die künftige Arbeitsweise einzuüben.
Beispiel: klettern (125), Wald (272), wichtig (275)
- Die Kinder lesen den Lückensatz und überprüfen die Lösung mit der Wörterliste (bei Sätzen mit zwei Lücken werden entsprechende Ableitungen des einen Begriffes gesucht, zum Beispiel bei Karte 2: anders, ändern).
Zusätzliche Hilfe: Die Zahl der Punkte entspricht der Buchstabenzahl des Lösungswortes.
- Die Kinder schreiben das Wort auf die Rückseite der Karte, auch getrennt.
Hinweis: Da die Kinder die Silbenbögen oft nicht exakt setzen, ist das getrennte Schreiben sinnvoller.

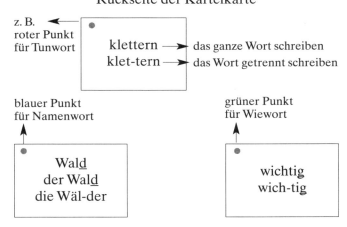

Bei Namenwörtern schreiben die Kinder den bestimmten Artikel und die Mehrzahl dazu. Merkstellen (hier: Auslautverhärtung bei d, g) markieren sie mit einer auffallenden Farbe. Zur Kontrolle tauschen die Kinder ihre Karten mit einem Partner, dann überprüft noch einmal die Lehrerin.

## Erarbeiten von rechtschriftlichen Strategien zum Einprägen

Hier bietet sich das gemeinsame Erarbeiten eines Merkplakats an.
Beispiel:

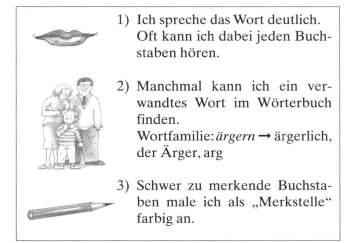

## Einführen des täglichen Worttrainings

Jedes Kind erhält die Registerkarten (s. S. 11) mit dem täglichen Übungsplan. Übungen mit einem Sternsymbol ☆ kennzeichnen Zusatzaufgaben. Die Kinder stellen die Registerkarten in ihren Karteikasten hinter die Trainingswörter. Die Lehrerin bespricht mit den Kindern die Übungen von Registerkarte 1, die die Kinder anschließend durchführen. Am folgenden Tag wird Registerkarte 2 besprochen und bearbeitet usw. Auch beim selbstständigen Arbeiten wird später an jedem Tag jeweils nur eine Registerkarte bearbeitet. Nach jeder Übung ordnen die Kinder ihre Karten hinter der entsprechenden Registerkarte ein, am Tag darauf dann hinter der nächsten.

### Zu Registerkarte 1
Als erste Geheimschrift wird die „Stäbchenschrift" empfohlen, bei der die Buchstabenlänge durch unterschiedlich lange Striche angegeben wird, z. B.:

ruhig → ı ı l ı ı

Bei der „MUS-Schrift" steht M für Mitlaut, S für Selbstlaut und U für Umlaut, z. B.: ruhig → MSMSM. Die Kinder können sich auch weitere Geheimschriften ausdenken. Allerdings darf die Geheimschrift nicht zu kompliziert sein. Sie soll Hilfen für die Schreibweise geben und nicht davon ablenken, indem z. B. überflüssige Buchstaben eingeschoben werden.

*Zu Registerkarte 4*

Die Lehrerin macht die Kinder auf Veränderungsmöglichkeiten von Wörtern aufmerksam, z. B.: Die Wörter „im, am, doch ..." sind immer gleich. Sie verändern sich nie.

Aber folgende Wörter lassen sich verändern:
- Namenwörter, z. B. Nacht: Mehrzahl (Nächte), verwandtes Wort (nachts, übernachten), zusammengesetztes Wort (Nachthemd)
- Tunwörter, z. B. schwimmen (Grundform): Ich-Form (ich schwimme), Vergangenheit (ich schwamm, ich bin geschwommen)
- Wiewörter, z. B. ruhig: ein ruhiger See, eine ruhige Klasse, ein ruhiges Kind

Beim Suchen anderer Wortformen sollten die Kinder das Wörterbuch als Hilfe nutzen.

Nach und nach lernen die Kinder täglich selbstständig mit der Kartei zu arbeiten, z. B. im Rahmen der Wochenplanarbeit (vgl. dazu Sylvia Hausmann/Claudia Schütz, Wochenplan von Anfang an, Oldenbourg Schulbuchverlag GmbH, München 2000).

## Feststellen des Lernerfolgs

Wenn alle Karten hinter Registerkarte 5 bzw. der leeren Registerkarte eingeordnet sind, machen die Kinder in ihrer Wörterliste hinter den geübten Wörtern einen Strich.

Nun kann die Lehrerin eine Lernstandskontrolle durchführen, z. B. mit einem Lückendiktat, in das die aktuellen Trainingswörter einzusetzen sind. Werden dabei geübte Wörter erneut falsch geschrieben, sind sie wieder vor Registerkarte 1 zu stellen und nochmals zu üben. Bevor neue Wörter geübt werden, sollten alle Kinder die bisherigen Wörter „abgearbeitet" haben.

Anreiz zum erneuten Üben: Mit den geübten Wörtern hinter der letzten Registerkarte werden immer wieder Partnerdiktate durchgeführt. Nach richtiger Schreibung macht das Kind erneut einen Strich hinter dem Wort in der Wörterliste. Bei drei Strichen darf es sich ein Sternchen auf das Kästchen kleben. In einer Liste auf der letzten Seite des Karteihefts kann das Kind jeweils mit Datum eintragen, wie viele „Sternchenwörter" es bereits „gesammelt" hat.

## Wörterliste

**A a** **B b** **C c** **D d** **E e** **F f** G g H h I i J j K k L l M m N n O o P p Qu qu R r S s T t U u V v W w X x Y y Z z

**A a**
1. ☐ ähn-lich
2. ☐ an-ders / än-dern
3. ☐ die Angst / die Ängs-te / ängst-lich
4. ☐ är-gern
5. ☐ der Arzt / die Ärz-te / die Ärz-tin / die Ärz-tin-nen
6. ☐ auf-räu-men / der Raum / die Räu-me
7. ☐ auf-we-cken / der We-cker / die We-cker
8. ☐ au-ßen

**B b**
9. ☐ ba-cken / der Bä-cker / die Bä-cker
10. ☐ die Bahn / die Bah-nen
11. ☐ be-gin-nen / be-gann / be-gon-nen
12. ☐ das Bei-spiel / die Bei-spie-le
13. ☐ bei-ßen, biss
14. ☐ be-o-bach-ten
15. ☐ be-quem
16. ☐ be-reit, be-reits
17. ☐ der Be-ruf / die Be-ru-fe
18. ☐ bes-ser
19. ☐ das Bett / die Bet-ten
20. ☐ be-vor
21. ☐ bie-gen, bog
22. ☐ biss-chen
23. ☐ bli-cken / der Blick / die Bli-cke
24. ☐ blind / der Blin-de / die Blin-den
25. ☐ der Blitz / die Blit-ze / blit-zen
26. ☐ der Block / die Blö-cke
27. ☐ bloß
28. ☐ boh-ren
29. ☐ das Boot / die Boo-te
30. ☐ bo-xen
31. ☐ der Brand / die Brän-de

32. ☐ brav
33. ☐ bren-nen / brann-te
34. ☐ die Bril-le / die Bril-len
35. ☐ die Brü-cke / die Brü-cken

**C c**
36. ☐ der Christ / die Chris-ten
37. ☐ der Clown / die Clowns

**D d**
38. ☐ die De-cke / die De-cken / ent-de-cken
39. ☐ deut-lich
40. ☐ deutsch / Deutsch-land
41. ☐ dick
42. ☐ die Dis-ket-te / die Dis-ket-ten
43. ☐ der Don-ner / don-nern
44. ☐ der Draht / die Dräh-te
45. ☐ drau-ßen
46. ☐ der Dreck

47. ☐ dre-ckig / dre-hen
48. ☐ der Druck / drü-cken
49. ☐ dumm / die Dumm-heit / die Dumm-hei-ten
50. ☐ dünn
51. ☐ der Durst / durs-tig

**E e**
52. ☐ die E-cke / die E-cken / e-ckig
53. ☐ ehr-lich
54. ☐ ei-gent-lich
55. ☐ emp-fin-den / emp-find-lich
56. ☐ ent-fer-nen / die Ent-fer-nung / die Ent-fer-nun-gen
57. ☐ ent-ge-gen
58. ☐ ent-wi-ckeln / die Ent-wick-lung / die Ent-wick-lun-gen
59. ☐ er-lau-ben / die Er-laub-nis
60. ☐ er-le-ben / das Er-leb-nis / die Er-leb-nis-se

61. ☐ er-war-ten / die Er-war-tung / die Er-war-tun-gen
62. ☐ er-zäh-len / die Er-zäh-lung / die Er-zäh-lun-gen
63. ☐ Eu-ro-pa

**F f**
64. ☐ der Feh-ler / die Feh-ler / feh-ler-frei
65. ☐ die Fe-ri-en
66. ☐ fern-se-hen / der Fern-se-her / die Fern-se-her
67. ☐ fer-tig
68. ☐ fett / das Fett / die Fet-te
69. ☐ feucht / die Feuch-tig-keit
70. ☐ das Feu-er / die Feu-er
71. ☐ die Fich-te / die Fich-ten
72. ☐ der Fleiß / flei-ßig
73. ☐ flie-ßen, floss
74. ☐ das Flug-zeug / die Flug-zeu-ge

© Oldenbourg Schulbuchverlag GmbH, PKV 109, Richtig schreiben mit der Wortkartei

# Wörterliste

- 75 □ der Fluss, die Flüs-se
- 76 □ die Flüs-sig-keit, die Flüs-sig-kei-ten
- 77 □ frei, die Frei-heit, die Frei-hei-ten
- 78 □ fres-sen, frisst, fraß
- 79 □ der Frie-den, fried-lich
- 80 □ frie-ren, fror
- 81 □ fröh-lich, die Fröh-lich-keit
- 82 □ der Fuchs, die Füch-se
- 83 □ füh-len, das Ge-fühl, die Ge-fü-hle
- 84 □ füh-ren, die Füh-rung, die Füh-run-gen

**G g**
- 85 □ ganz, gan-ze, gan-zer
- 86 □ das Ge-bäu-de, die Ge-bäu-de, bau-en
- 87 □ die Ge-burt, die Ge-bur-ten, der Ge-burts-tag, die Ge-burts-ta-ge
- 88 □ die Ge-fahr, die Ge-fah-ren, ge-fähr-lich
- 89 □ ge-heim, das Ge-heim-nis, die Ge-heim-nis-se
- 90 □ die Ge-mein-de, die Ge-mein-den
- 91 □ das Ge-schäft, die Ge-schäf-te, schaf-fen
- 92 □ ge-sche-hen, ge-schieht, ge-schah
- 93 □ das Ge-setz, die Ge-set-ze
- 94 □ ge-win-nen, ge-wann, ge-won-nen
- 95 □ das Ge-wit-ter, die Ge-wit-ter
- 96 □ gie-ßen, goss
- 97 □ glatt
- 98 □ das Glück, glück-lich
- 99 □ glü-hen
- 100 □ der Gott, die Göt-ter
- 101 □ grü-ßen

**H h**
- 102 □ das Han-dy, die Han-dys
- 103 □ der Hang, die Hän-ge, hän-gen
- 104 □ hart, här-ter
- 105 □ der Hau-fen, die Hau-fen, häu-fig
- 106 □ hei-zen, die Hei-zung, die Hei-zun-gen
- 107 □ her-stel-len, die Her-stel-lung
- 108 □ die Hit-ze
- 109 □ hof-fen, hof-fent-lich
- 110 □ die Hö-he, die Hö-hen
- 111 □ hohl, die Höh-le, die Höh-len
- 112 □ der Hun-ger, hung-rig

**I i**
- 113 □ ihr, ih-re, ih-rem
- 114 □ imp-fen, die Imp-fung, die Imp-fun-gen
- 115 □ die In-for-ma-tion, die In-for-ma-tio-nen, in-for-mie-ren
- 116 □ in-te-res-sant, das In-te-res-se, die In-te-res-sen

**J j**
- 117 □ je-mand, je-man-den
- 118 □ die Ju-gend, ju-gend-lich
- 119 □ jung

**K k**
- 120 □ der Kä-fig, die Kä-fi-ge
- 121 □ der Kamm, die Käm-me, käm-men
- 122 □ ken-nen, kann-te
- 123 □ die Kie-fer
- 124 □ die Kie-fern (Nadelbaum)
- 125 □ klar, er-klä-ren
- 126 □ klet-tern
- 127 □ der Kom-pass, die Kom-pas-se
- 128 □ die Kraft, die Kräf-te, kräf-tig
- 129 □ krat-zen
- 130 □ das Kreuz, die Kreu-ze, die Kreu-zung, die Kreu-zun-gen
- 131 □ krie-chen, kroch
- 132 □ der Krieg, die Krie-ge
- 133 □ kühl, küh-len, der Kuss, die Küs-se

**L l**
- 134 □ das Land, die Län-der
- 135 □ lang, län-ger
- 136 □ der Lärm
- 137 □ las-sen, lässt
- 138 □ das Laub
- 139 □ der Leh-rer, die Leh-rer, die Leh-re-rin, die Leh-re-rin-nen
- 141 □ letz-te, letz-ter, leuch-ten
- 142 □ das Lied, die Lie-der
- 143 □ links
- 144 □ der Löf-fel, die Löf-fel

A a  
B b  
C c  
D d  
E e  
**F f**  
**G g**  
**H h**  
**I i**  
**J j**  
**K k**  
**L l**  
M m  
N n  
O o  
P p  
Qu qu  
R r  
S s  
T t  
U u  
V v  
W w  
X x  
Y y  
Z z

## Wörterliste

| | | |
|---|---|---|
| A a | L l | |
| B b | M m | |
| C c | N n | |
| D d | O o | |
| E e | P p | |
| F f | Qu qu | |
| G g | R r | |
| H h | S s | |
| I i | T t | |
| J j | U u | |
| K k | V v | |
| | W w | |
| | X x | |
| | Y y | |
| | Z z | |

145 ☐ der Lohn,
   die Löh-ne
   be-loh-nen

**M m**

146 ☐ der Mag-net
   die Mag-ne-te
147 ☐ die Ma-schi-ne
   die Ma-schi-nen
148 ☐ das Maß
   die Ma-ße
149 ☐ die Me-di-en
150 ☐ das Meer
   die Mee-re
151 ☐ mehr
152 ☐ mes-sen
   misst, maß
153 ☐ das Mes-ser
   die Mes-ser
154 ☐ die Mie-te
   die Mie-ten
155 ☐ der Mit-tag
   die Mit-ta-ge
   Mit-te
156 ☐ mi-xen
157 ☐ das Moos
158 ☐ der Müll

**N n**

159 ☐ nah
   die Nä-he
160 ☐ nä-hen
   die Naht
   die Näh-te
161 ☐ die Nah-rung
   er-näh-ren
162 ☐ nass
   die Näs-se
163 ☐ die Na-tur
   na-tür-lich
164 ☐ nichts
165 ☐ nie-mals
166 ☐ nie-mand
   nie-man-den
167 ☐ die Num-mer
   die Num-mern
   num-me-rie-ren
168 ☐ die Nuss
   die Nüs-se
169 ☐ nut-zen
   nüt-zen
   nütz-lich

**O o**

170 ☐ of-fen
171 ☐ oh-ne

**P p**

172 ☐ das Päck-chen
   die Päck-chen
   pa-cken
173 ☐ das Pa-ket
   die Pa-ke-te
174 ☐ der Pass
   die Päs-se
175 ☐ pas-sen
176 ☐ der Pilz
   die Pil-ze
177 ☐ plötz-lich
178 ☐ das Pro-gramm
   die Pro-gram-me

**Qu qu**

179 ☐ die Qual
   die Qua-len
   quä-len
180 ☐ die Quel-le
   die Quel-len

**R r**

181 ☐ das Ra-di-o
   die Ra-di-os
182 ☐ ra-ten
   das Rät-sel
   die Rät-sel
183 ☐ rechts
184 ☐ das Re-cyc-ling
185 ☐ das Reh
   die Re-he
186 ☐ rei-ßen, riss
187 ☐ ren-nen, rann-te
188 ☐ rich-tig
189 ☐ rie-chen
   der Ge-ruch
190 ☐ die Ge-rü-che
   die Ru-he
191 ☐ ru-hig
   rüh-ren

**S s**

192 ☐ sam-meln
   die Samm-lung
   die Samm-lun-gen
193 ☐ der Schall
194 ☐ schalten
   der Schal-ter
   die Schal-ter
195 ☐ scharf
   die Schär-fe
196 ☐ der Schat-ten
   die Schat-ten
197 ☐ schie-ben
   schob
198 ☐ schief
199 ☐ schimp-fen
200 ☐ schlie-ßen
   schloss
201 ☐ schließ-lich
202 ☐ der Schlüs-sel
   die Schlüs-sel
203 ☐ schme-cken
   der Ge-schmack
   die Ge-schmä-cke
204 ☐ der Schmutz
   schmut-zig
205 ☐ der Schreck
   die Schre-cken
   schreck-lich
   er-schre-cken
206 ☐ schüt-teln
207 ☐ der Schutz
   schüt-zen
208 ☐ schwei-gen
   schwieg
209 ☐ schwie-rig
   die Schwie-rig-keit
   die Schwie-rig-keit-ten
210 ☐ schwim-men
   schwamm
   ge-schwom-men
211 ☐ schwit-zen
   der Schweiß
212 ☐ der See
   die Seen
213 ☐ set-zen,
   be-setzt
214 ☐ die Skiz-ze
   die Skiz-zen
   skiz-zie-ren
215 ☐ der Spaß
   die Spä-ße
216 ☐ spät, ver-spä-ten
217 ☐ der Spa-zier-gang
   die Spa-zier-gän-ge
   spa-zie-ren

© Oldenbourg Schulbuchverlag GmbH, PKV 109, Richtig schreiben mit der Wortkartei

## Wörterliste

| | | |
|---|---|---|
| 218 ☐ der Spie-gel | | |
| ☐ die Spie-gel | | |
| spie-geln | | |
| 219 ☐ spitz | | |
| ☐ die Spit-ze | | |
| ☐ die Spit-zen | | |
| 220 ☐ die Stadt | | |
| ☐ die Städ-te | | |
| 221 ☐ der Stamm | | |
| ☐ die Stäm-me | | |
| 222 ☐ stark, stär-ken | | |
| 223 ☐ das Steu-er | | |
| steu-ern | | |
| 224 ☐ der Stiel | | |
| ☐ die Stie-le | | |
| 225 ☐ stim-men | | |
| be-stimmt | | |
| 226 ☐ der Stoff | | |
| ☐ die Stof-fe | | |
| 227 ☐ der Strand | | |
| ☐ die Strän-de | | |
| 228 ☐ die Stra-ße | | |
| ☐ die Stra-ßen | | |
| 229 ☐ der Strauß | | |
| ☐ die Sträu-ße | | |
| (Blumenstrauß) | | |
| 230 ☐ der Streit | | |
| ☐ die Strei-te | | |
| strei-ten | | |
| 231 ☐ der Strom | | |
| ☐ die Strö-me | | |
| strö-men | | |

| | | |
|---|---|---|
| 232 ☐ das Stück | | |
| ☐ die Stü-cke | | |
| 233 ☐ der Stuhl | | |
| ☐ die Stüh-le | | |
| 234 ☐ der Sturm | | |
| ☐ die Stür-me | | |
| stür-misch | | |
| 235 ☐ süß | | |
| ☐ die Sü-ßig-keit | | |
| ☐ die Sü-ßig-kei-ten | | |
| **T t** | | |
| 236 ☐ die Tan-ne | | |
| ☐ die Tan-nen | | |
| 237 ☐ die Tas-se | | |
| ☐ die Tas-sen | | |
| 238 ☐ tau-send | | |
| tau-sen-de | | |
| 239 ☐ das Ta-xi | | |
| ☐ die Ta-xen | | |
| 240 ☐ die Tech-nik | | |
| ☐ die Tech-ni-ken | | |
| tech-nisch | | |
| 241 ☐ der Tel-ler | | |
| ☐ die Tel-ler | | |
| 242 ☐ der Text | | |
| ☐ die Tex-te | | |
| 243 ☐ das The-a-ter | | |
| ☐ die The-a-ter | | |
| 244 ☐ tief | | |
| ☐ die Tie-fe | | |

| | | |
|---|---|---|
| ☐ die Tie-fen | | |
| 245 ☐ die Trä-ne | | |
| ☐ die Trä-nen | | |
| 246 ☐ der Traum | | |
| ☐ die Träu-me | | |
| träu-men | | |
| 247 ☐ tref-fen, traf | | |
| ge-trof-fen | | |
| 248 ☐ treu | | |
| 249 ☐ tro-cken | | |
| **U u** | | |
| 250 ☐ über-que-ren | | |
| 251 ☐ um-keh-ren | | |
| 252 ☐ un-ge-fähr | | |
| 253 ☐ der Un-ter-richt | | |
| 254 ☐ der Ur-laub | | |
| ☐ die Ur-lau-be | | |
| **V v** | | |
| 255 ☐ die Va-se | | |
| ☐ die Va-sen | | |
| 256 ☐ ver-bie-ten | | |
| ver-bot | | |
| 257 ☐ das Ver-bot | | |
| ☐ die Ver-bo-te | | |
| 258 ☐ ver-brau-chen | | |
| ver-bren-nen, | | |
| ver-brannt-e | | |
| ☐ die Ver-bren-nung | | |

| | | |
|---|---|---|
| ☐ die Ver-bren-nun-gen | | |
| 259 ☐ der Ver-ein | | |
| ☐ die Ver-ei-ne | | |
| ver-ei-nen | | |
| 260 ☐ ver-ges-sen | | |
| ver-gisst | | |
| ver-gaß | | |
| 261 ☐ ver-let-zen | | |
| ☐ die Ver-let-zung | | |
| ☐ die Ver-let-zun-gen | | |
| 262 ☐ ver-lie-ren | | |
| ver-lor | | |
| 263 ☐ ver-pa-cken | | |
| ☐ die Ver-pa-ckung | | |
| ☐ die Ver-pa-ckun-gen | | |
| 264 ☐ ver-schmut-zen | | |
| ☐ die Ver-schmut-zung | | |
| ☐ die Ver-schmut-zun-gen | | |
| 265 ☐ viel-leicht | | |
| 266 ☐ voll, voll-stän-dig | | |
| 267 ☐ die Vor-fahrt | | |
| 268 ☐ die Vor-sicht | | |
| vor-sich-tig | | |
| **W w** | | |
| 269 ☐ wach-sen, wuchs | | |
| ☐ das Ge-wächs | | |
| 270 ☐ die Wahl | | |
| ☐ die Wah-len | | |
| wäh-len | | |
| 271 ☐ wäh-rend | | |

| | | |
|---|---|---|
| 272 ☐ der Wald | | |
| ☐ die Wäl-der | | |
| 273 ☐ wech-seln | | |
| 274 ☐ we-nig | | |
| 275 ☐ wich-tig | | |
| 276 ☐ wie-der | | |
| 277 ☐ wie-gen, wog | | |
| ☐ das Ge-wicht | | |
| 278 ☐ wild, wil-de | | |
| 279 ☐ wis-sen, weiß | | |
| wuss-te | | |
| **Z z** | | |
| 280 ☐ zeich-nen | | |
| ☐ die Zeich-nung, | | |
| ☐ die Zeich-nun-gen | | |
| 281 ☐ die Zei-tung | | |
| ☐ die Zei-tun-gen | | |
| 282 ☐ das Zeug-nis | | |
| ☐ die Zeug-nis-se | | |
| 283 ☐ zie-hen, zog | | |
| 284 ☐ das Ziel | | |
| ☐ die Zie-le | | |
| zie-len | | |
| 285 ☐ die Zu-kunft | | |
| zu-künf-tig | | |
| 286 ☐ zu-letzt | | |
| 287 ☐ zu-rück | | |
| 288 ☐ zu-sam-men | | |

A a
B b
C c
D d
E e
F f
G g
H h
I i
J j
K k
L l
M m
N n
O o
P p
Qu qu
R r
**S s**
**T t**
**U u**
**V v**
**W w**
**X x**
Y y
**Z z**

Registerkarten

### Karteikarten, Heft (1)

1. Schreibe jedes Wort mit deiner schönsten Schrift zweimal in dein Heft.
2. Lieblingswort: Unterstreiche das Wort, das dir am besten gefällt.
3. Rahme die Wörter ein, die dir schwierig erscheinen.

☆ Male zu einigen Wörtern ein passendes kleines Bild daneben.
☆ Schreibe jedes Wort einmal in Geheimschrift.

### Karteikarten, Heft, Wörterbuch (2)

1. Ordne die Wörter auf den Karteikarten nach dem ABC und schreibe dann die Wörter untereinander in dein Heft.
2. Suche im Wörterbuch nach Reimwörtern und schreibe sie daneben.

☆ Ordne die Karten nach der Wortart:
 – Namenwörter/Nomen,
 – Tunwörter/Verben,
 – Wiewörter/Adjektive,
 – sonstige Wörter.
☆ Ordne nun alle Namenwörter nach dem ABC, dann die Tunwörter usw. Schreibe sie anschließend untereinander in dein Heft.

### Karteikarten, Heft, Wörterliste (3)

1. Ordne die Wörter auf den Karten nach der Silbenzahl und schreibe die Wörter getrennt auf.

*Beispiel:*

| 1 Silbe | 2 Silben | 3 Silben |
|---|---|---|
| See | klet-tern | är-ger-lich |

☆ Unterstreiche im Heft die Namen-, Tun- und Wiewörter mit der passenden Farbe.

### Karteikarten, Heft, Wörterbuch (4)

1. Welche Wörter kannst du verändern? Suche im Wörterbuch verwandte Wörter und schreibe sie auf.

*Beispiel:* ärgern – ich ärgere mich, er ärgerte sich, der Ärger, ärgerlich, arg

☆ Schleichdiktat
Lege fünf Karten mit schwierigen Wörtern irgendwo im Klassenzimmer hin. Schreibe die Wörter auswendig in dein Heft. Sammle die Karten wieder ein, überprüfe und berichtige deine Wörter.

### Karteikarten, Heft (5)

Partnerdiktat

So kannst du die Wörter mit deinem Partner üben, die du falsch geschrieben hast:
– Lege die Karten mit deinen Fehlerwörtern vor dich.
– Beschreibe deinem Partner die Merkstellen.
– Schreibe ein Wort mit dem Finger auf den Tisch und lass es deinen Partner erraten.
– Schreibe das Wort nun in die Luft, dann deinem Partner in die Hand und schließlich auf seinen Rücken.
– Lass dir nun die Fehlerwörter noch einmal diktieren.

### Karteikarten, Heft, Wörterbuch (6)

Zusatzaufgaben für Wortdetektive

☆ Denke dir zu einigen Wörtern andere Detektivsätze aus und schreibe sie in dein Heft, auf eine leere Karteikarte oder auf einen Zettel für die Pinnwand.

☆ Wähle drei Karten aus, bilde mit ihnen einen Satz und schreibe ihn in dein Heft.

Karteikarten

### 1

Weil das Foto dem Dieb sehr
. . . . . . . . war, erkannte Kommissar
Fuchs den Täter sofort.

### 2
Kommissar Fuchs zeigt dem Zeugen
ein Computerbild. Aber der Zeuge
sagt: „Der Dieb sah . . . . . . aus."
Also muss Kommissar Fuchs
das Bild . . . . . . .

### 3
Die alte Dame sah
. . . . . . . . . aus.
Kommissar Fuchs
beruhigte sie: „Sie brauchen
keine . . . . . zu haben.
Der Taschendieb
wurde gefasst."

### 4

Kommissar Fuchs
. . . . . . sich:
Der Dieb ist ihm
entkommen.

### 5
Kommissar Fuchs ist krank.
Er muss zu einem . . . . oder
einer . . . . . . .

### 6
Im Büro von Kommissar Fuchs
ist ein großes Durcheinander.
„Ich muss endlich
. . . . . . . . . . ",
denkt er.

### 7

Kommissar Fuchs kommt nach einem
Einsatz spät nach Hause. Damit er am
nächsten Morgen nicht verschläft, stellt
er seinen . . . . . . . , der ihn um
7.00 Uhr . . . . . . . . . soll.

### 8

Kommissar Fuchs findet eine
geheimnisvolle Schachtel: Innen
ist sie weiß, . . . . . schwarz.

Karteikarten

**9**

Für seine Tochter will Kommissar Fuchs einen Kuchen . . . . . . . .
Doch der Kuchen verbrennt.
Also holt Kommissar Fuchs beim . . . . . . zwei Stück Apfelkuchen.

**10**

Kommissar Fuchs fährt meistens mit der . . . . zur Arbeit.

**11**

Kommissar Fuchs fragt Florina:
„Wann . . . . . . . denn endlich das Fußballspiel im Fernsehen?"
Florina antwortet lachend:
„Aber Papa, das Spiel hat doch schon längst . . . . . . . . ."

**12**

Florina fragt ihren Vater:
„Was ist ein Alibi?"
Kommissar Fuchs nennt ihr ein . . . . . . . . . .

**13**

Hungrig will Kommissar Fuchs am 1. April in sein Brot . . . . . . . .
Da fängt Florina an zu lachen, denn sie hat es mit Senf bestrichen.

**14**

Aufmerksam . . . . . . . . . . . Kommissar Fuchs den Verkehr.

**15**

Nach einem langen Arbeitstag macht Kommissar Fuchs es sich auf dem Sofa . . . . . . .

**16**

Schnell jagt Kommissar Fuchs zur Unfallstelle. Aber der Schuldige ist . . . . . . . geflohen.
Kommissar Fuchs macht sich . . . . . . ihn zu verfolgen.

Karteikarten

**17**
„Wenn ich erwachsen bin, werde ich Spiele-Erfinderin", verkündet Florina. „Aber Florina, Spiele-Erfinderin ist doch kein richtiger . . . . . ", sagt Kommissar Fuchs lachend.

**18**

Florina sagt zu ihrem Vater: „Keiner kann Fälle . . . . . . lösen als du!"

**19**

Am Abend sinkt Kommissar Fuchs meist todmüde in sein . . . . .

**20**
„Putz dir bitte noch die Zähne, . . . . . du ins Bett gehst!", ermahnt Kommissar Fuchs seine Tochter.

**21**
„Schnell, . . . . . . Sie nach rechts ab!", ruft Kommissar Fuchs seinem Fahrer zu.

**22**

„Fahren Sie ein . . . . . . . . schneller, sonst holen wir den Dieb nie ein!", ruft Kommissar Fuchs seinem Fahrer zu.

**23**
Kommissar Fuchs . . . . . . aufmerksam in den Rückspiegel. Seinem scharfen . . . . . entgeht nichts.

**24**
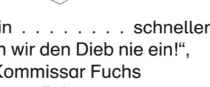

Der Mann erklärt Kommissar Fuchs: „Leider kann ich Ihnen den Mann nicht beschreiben, da ich . . . . . bin. Aber mein Hund Bello würde ihn bestimmt wiedererkennen."

Karteikarten

**25**
Gerade als Kommissar Fuchs aus dem Haus gehen will, zuckt ein . . . . . vom Himmel.

**26**
Kommissar Fuchs notiert sich auf seinem . . . . . die Anschrift des Zeugen.

**27**
„Ach, hätte ich doch . . . . meinen Regenmantel angezogen", denkt Kommissar Fuchs.

**28**
Kommissar Fuchs muss zum Zahnarzt. „Hoffentlich muss er nicht . . . . . . .", denkt er.

**29**
Am Sonntag radelt Kommissar Fuchs mit Florina und Fidi an den Waldsee. Dort wollen sie mit einem . . . . über den See rudern.

**30**
Als Kommissar Fuchs den Mann verhaften will, versucht dieser ihn mit der Faust in den Bauch zu . . . . . . . Doch Kommissar Fuchs ist schneller und legt dem Mann Handschellen an.

**31**
An der Unfallstelle ist ein . . . . . entstanden. Rauch steigt auf. Schnell ruft Kommissar Fuchs die Feuerwehr.

**32**
Kommissar Fuchs muss am Abend noch einmal kurz weg. „Sei schön . . . . und geh in dein Bett", bittet er seine Tochter.

Karteikarten

**33**
Das Feuer . . . . . . . und
. . . . . . . immer weiter.
Es wollte gar nicht aufhören
zu . . . . . . . .

**34**
Kommissar Fuchs fragt Florina:
„Hast du meine . . . . . . gesehen?"
„Aber Papa, die sitzt doch auf deiner
Nase", antwortet Florina
lachend.

**35**

Um zum Tatort auf der anderen
Seite des Ufers zu kommen,
fährt Kommissar Fuchs
über eine . . . . . . .

**36**

Kommissar Fuchs ist . . . . . . .
Oft geht er mit Florina
in die Kirche.

**37**
Kommissar Fuchs ist mit Florina
in den Zirkus gegangen.
Besonders gut gefiel
beiden der lustige
. . . . . .

**38**
Wo ist der Dackel Fidi?
Kommissar Fuchs . . . . . . . . ihn
unter der . . . . . . auf dem Sofa.

**39**
Kommissar Fuchs kann den Anrufer
nicht verstehen. „Sagen Sie bitte
langsam und . . . . . . . . Ihren
Namen", bittet er.

**40**
Kommissar Fuchs arbeitet nicht nur
in seiner Stadt, sondern muss
Spuren durch ganz
. . . . . . . . . . . verfolgen.

Karteikarten

**41**

Kommissar Fuchs wiegt zu viel.
Er ist zu . . . . . .

**42**

Kommissar Fuchs schaltet den Computer an und legt eine
. . . . . . . . ein.

**43**

Als Kommissar Fuchs und Florina am Waldsee ein Picknick machen, blitzt und . . . . . . . es. Florina zählt. Nach fünf Sekunden folgt der . . . . . . dem Blitz.

**44**

Kommissar Fuchs öffnet das Schloss der Truhe mit einem Stück
. . . . . . .

**45**

Kommissar Fuchs blickt aus dem Fenster. Es ist Winter und
. . . . . . . . ist alles weiß.

**46**

Nach dem Wandern sagt Kommissar Fuchs zu Florina: „Klopf deine Schuhe ab und trag bitte keinen
. . . . . . ins Auto."

**47**

Auf dem Spielplatz setzt sich Florina auf das Karussel und . . . . . sich immer schneller.

**48**

Am Abend sagt Kommissar Fuchs zu seiner Tochter „gute Nacht" und . . . . . . sie noch einmal.

Karteikarten

---

**49**

Kommissar Fuchs steht im Regen. „Zu . . . . . , dass ich meinen Regenmantel vergessen habe. Aber . . . . . . . . wird eben bestraft", denkt er.

---

**50**

Kommissar Fuchs legt der Zeugin mehrere Fotos vor und fragt: „War der Dieb eher groß oder klein, blond oder dunkelhaarig, dick oder . . . . ?"

---

**51**

Wenn es im Sommer richtig heiß ist, ist Florina oft sehr . . . . . . . . . Um ihren . . . . . zu stillen, trinkt sie am liebsten Eistee oder Wasser.

---

**52**

Als es draußen blitzt und donnert, versteckt sich Fidi ängstlich in der hintersten . . . . des Zimmers.

---

**53**

Ein Junge gibt bei Kommissar Fuchs einen 50-Euro-Schein ab, den er gefunden hat. „Danke", sagt Kommissar Fuchs, „du bist ein . . . . . . . . . . Junge."

---

**54**

„Spielst du mit mir?", fragt Florina ihren Vater. „Nun, . . . . . . . . . . . wollte ich mich erst ein bisschen ausruhen", meint Kommissar Fuchs.

---

**55**

„Bei deiner . . . . . . . . . . . . . Haut solltest du nicht ohne Sonnencreme draußen spielen. Auch wenn du es heute nicht als so sonnig . . . . . . . . . . . ", rät Kommissar Fuchs seiner Tochter.

---

**56**

Florinas Wohnung ist ungefähr 1 km von der Schule . . . . . . . . . Wie groß ist die . . . . . . . . . . von deiner Wohnung zur Schule?

Karteikarten

**57** Wenn Florina mittags von der Schule heimkommt, läuft Fidi ihr freudig . . . . . . . . . .

**58**

Florina hat Bohnenkerne gepflanzt und beobachtet gespannt, wie sie sich . . . . . . . . . . .
Sie zeichnet die . . . . . . . . . . in ihr Pflanzenbuch.

**59**

Florina bittet ihren Vater darum, dass er ihr . . . . . . . . ins Kino zu gehen.
Nach einigen Bedenken gibt er die . . . . . . . . . . .

**60** Beim Ausflug an den Waldsee hat Florina viel . . . . . . . .
Das schönste . . . . . . . . schreibt sie für die Klasse auf.

**61**

Florina hat Geburtstag.
Sie . . . . . . . . . fünf Gäste.
Voll froher . . . . . . . . . deckt sie den Tisch.

**62** In der Schule . . . . . . . . Florina, was ihr Dackel Fidi angestellt hat.
„Deine . . . . . . . . . war sehr spannend", sagt die Lehrerin.

**63** Kommissar Fuchs arbeitet nicht nur mit der Polizei in Deutschland zusammen, sondern hat Kollegen in ganz . . . . . . . .

**64**

Florina liest ihrem Vater vor.
„Toll kannst du lesen", lobt er.
„Ohne einen einzigen . . . . . . . , ganz . . . . . . . . . . ."

Karteikarten

**65**

Kommissar Fuchs versucht auch
Urlaub zu bekommen,
wenn Florina . . . . . . hat.

**66**

Wenn Kommissar Fuchs am Abend
vor dem . . . . . . . . . sitzt und
. . . . . . . . . ,
schläft er oft ein.

**67**

Kommissar Fuchs wartet ungeduldig
auf Florina. „Bist du endlich
. . . . . . ?", ruft er.

**68**

„Oh, ist dieser Schinken . . . . !",
sagt Kommissar Fuchs und
schneidet das . . . . weg.

**69**

Glücklicherweise hat es geregnet.
Denn auf der . . . . . . . . Erde
kann Kommissar Fuchs die
Fußspuren gut sehen.

**70**

Es brennt! Schon von weitem kann
Kommissar Fuchs das . . . . .
sehen und riechen.

**71**

Florina erklärt den
Unterschied zwischen
Tannen und . . . . . . . . :
„Bei der . . . . . stehen
die Nadeln rings um den Ast,
bei der Tanne in
zwei Reihen."

**72**

Florina lernt . . . . . . . .
Denn sie weiß:
Ohne . . . . . kein Preis.

Karteikarten

**73**
Als Kommissar Fuchs dem jungen Dieb seine Schuld nachweist, . . . . . . . die Tränen.

**74**
Kommissar Fuchs und Florina fliegen mit dem . . . . . . . . in den Urlaub.

**75**
Kommissar Fuchs rennt am . . . . . entlang und sucht ein Boot.

**76**
„Ich glaube, diese trübe . . . . . . . . . . . in der Flasche ist giftig. Wir sollten sie unbedingt im Labor untersuchen lassen", sagt Kommissar Fuchs zu seinem Kollegen.

**77**
Endlich Wochenende und Kommissar Fuchs hat . . . . . !

**78**
Fidi will das Dosenfutter nicht . . . . . . . .
Er . . . . . . lieber frisches Fleisch.

**79**
Als Kommissar Fuchs bequem auf dem Sofa liegt, will Fidi mit ihm spielen.
„Lass mich in . . . . . . . und sei . . . . . . . . . ., Fidi!", ruft er.

**80**
Schnell rennt Kommissar Fuchs ohne Mantel aus seinem Büro.
Er . . . . . . ., denn draußen ist es bitterkalt.

Karteikarten

**81**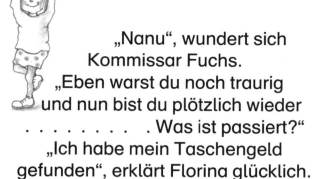
„Nanu", wundert sich Kommissar Fuchs. „Eben warst du noch traurig und nun bist du plötzlich wieder . . . . . . . . . Was ist passiert?" „Ich habe mein Taschengeld gefunden", erklärt Florina glücklich.

**82**
Florinas Vater meldet sich am Telefon: „Hallo, hier . . . . . ., . . . . wie das schlaue Tier im Wald.

**83**

Im überfüllten Bus . . . . . Kommissar Fuchs, wie jemand in seine Hosentasche greifen will. Ein komisches . . . . . . !

**84**

„Los, . . . . . den Taschendieb ab!", ruft Kommissar Fuchs den beiden Polizisten zu.

**85**

Kommissar Fuchs ist sauer auf Florina: „Ich warte die . . . . . Zeit auf dich und du kommst erst jetzt."

**86**
Kommissar Fuchs ruft dem Dieb zu: „Kommen Sie raus, das . . . . . . . . ist umstellt!"

**87**
Fidi bekommt bald Junge. Florina möchte die . . . . . . der Welpen auf keinen Fall verpassen.

**88**
Kommissar Fuchs im Radio: „Achtung, . . . . . . . ! Halten Sie Fenster und Türen geschlossen. Aus einer Fabrik kommen . . . . . . . . . . . Dämpfe!"

Karteikarten

**89**

Damit Kommissar Fuchs zu Hause seine Ruhe hat, ist seine Telefonnummer . . . . . . .

**90**

Kommissar Fuchs wohnt außerhalb der Stadt. Sein kleiner Wohnort gehört zur . . . . . . . . Schönhausen.

**91**

Einbruch-Alarm! Kommissar Fuchs rast zum . . . . . . . . des Uhrmachers Tick.

**92**

„Was ist . . . . . . . . . ?", fragt Kommissar Fuchs die Zeugen.

**93**

„Das Leben könnte so einfach sein, wenn sich alle brav an die . . . . . . . halten würden", seufzt Kommissar Fuchs.

**94**

Schon lange hat Kommissar Fuchs auf einen . . . . . . gehofft. Nun endlich hat er im Lotto . . . . . . . . .

**95**

Obwohl der Wetterbericht Sonnenschein vorausgesagt hat, werden Kommissar Fuchs und Florina bei ihrem Ausflug zum Waldsee von einem . . . . . . . . überrascht.

**96**

„Gestern hat es bei dem Gewitter in Strömen ge . . . . . . und heute . . . . . es schon wieder", wundert sich Kommissar Fuchs.

Karteikarten

97
Bei Eis und Schnee sind die Straßen . . . . . .
Kommissar Fuchs fährt deshalb mit dem Bus.

98
„So ein . . . . . !" Kommissar Fuchs ist . . . . . . . . . und freut sich über seinen Lottogewinn.

99
Kommissar Fuchs hat einen roten Kopf.
Er . . . . . vor Fieber.

100
Am Abend betet Kommissar Fuchs mit seiner Tochter. Sie danken . . . . für den Tag.

101
„Ich soll dich herzlich von Oma . . . . . . ", sagt Florina zu ihrem Vater, als sie nach Hause kommt.

102
Das . . . . . von Kommissar Fuchs klingelt. Wo hat er es nur hingelegt?

103
Kommissar Fuchs . . . . . seinen Mantel an den Haken.

104
„Das Brot ist ja ganz . . . . geworden. Es ist fast . . . . . . als Eisen", lacht Kommissar Fuchs.

Karteikarten

**105** Kommissar Fuchs kommt in letzter Zeit . . . . . . zu spät nach Hause. „Entschuldige Florina, aber ich hatte wieder einen . . . . . . Arbeit zu erledigen", erklärt er.

**106** Draußen ist es kalt geworden und Kommissar Fuchs möchte die Wohnung . . . . . . . . Doch als er die . . . . . . . anschalten will, geht sie nicht.

**107** Aus einer Firma, die Computer . . . . . . . . . . , wurden wertvolle Teile gestohlen. Damit die . . . . . . . . . . weitergehen kann, muss Kommissar Fuchs den Dieb schnell finden.

**108** „Diese . . . . . .", stöhnt Kommissar Fuchs und wischt sich den Schweiß von der Stirn.

**109** Kommissar Fuchs . . . . . , dass er den Verbrecher bald aufspüren kann. „Oh weh, . . . . . . . . . . geschieht nicht noch etwas Schlimmes", denkt er.

**110** Florina will auf den Aussichtsturm. Doch Kommissar Fuchs traut sich nicht. „Ich bleibe lieber hier unten. Diese . . . . macht mir Angst", gesteht er.

**111** Kommissar Fuchs, Florina und Fidi finden bei einem Waldspaziergang den Eingang zu einer dunklen . . . . . . . „Ob hier wohl Bären wohnen?", fragt Florina aufgeregt.

**112** Den ganzen Tag ist Kommissar Fuchs nicht zum Essen gekommen. Nun hat er einen riesigen . . . . . . . .

Karteikarten

113

Florina zeigt . . . . . Vater
. . . . Rechenaufgaben. Er
erklärt . . . den Rechenweg.

114
Bevor Kommissar Fuchs und Florina in den Urlaub fliegen, müssen sie sich vom Arzt . . . . . . . lassen. Die . . . . . . . . schützt sie vor gefährlichen Krankheiten.

115
Vor ihrem Urlaub in Ägypten will sich Florina über das Land . . . . . . . . . . . . .
Sie sucht auch im Internet nach
. . . . . . . . . . .

116
Am Abend kann Kommissar Fuchs oft von . . . . . . . . . . . Ereignissen erzählen. Florina lauscht mit großem
. . . . . . . . .

117

„Hat . . . . . . von euch etwas Verdächtiges am Tatort gefunden?", fragt Kommissar Fuchs seine Kollegen.

118
Florina bittet ihren Vater: „Erzähl mir doch ein bisschen aus deiner . . . . . . . ."

119
Kommissar Fuchs erzählt aus seiner Jugend: „Als ich noch . . . . . war, so ungefähr in deinem Alter, musste ich morgens immer die Tiere auf unserem Hof füttern."

120
Florina hat zwei Wellensittiche.
Sie muss regelmäßig den . . . . . reinigen.

Karteikarten

121
Fidi mag es gar nicht, wenn Florina ihm mit einem . . . . das Fell . . . . . . . will.

122
„Und, . . . . . . Sie diesen Mann?", fragt Kommissar Fuchs die Frau und zeigt ihr ein Bild von dem Dieb.

123

Florina ist Expertin für Nadelbäume. Sie kann Fichte, Tanne und . . . . . . . genau unterscheiden.

124
Florina bittet ihren Vater, ihr die Rechenaufgabe zu . . . . . . . . . Sie hört gut zu und nun wird ihr alles . . . . .

125
Trotz seiner Höhenangst beschließt Kommissar Fuchs auf den Baum zu . . . . . . . . . , um eine Katze zu retten.

126

Auf den Ausflug zum Waldsee nimmt Kommissar Fuchs einen . . . . . . . mit, damit er sich nicht verirrt.

127
Mit . . . . . . . . . . Stimme ruft Kommissar Fuchs: „Aufmachen, Polizei!"
Doch nichts rührt sich. Deshalb rüttelt er mit aller . . . . . an der Tür.

128

Florina hört Fidi an der Tür . . . . . . . . und lässt ihn raus.

Karteikarten

### 129

„Könnten Sie bitte an der nächsten großen . . . . . . . nach links abbiegen?", fragt Kommissar Fuchs den Taxifahrer.

### 130

Auf dem Spielplatz will Florina durch den Weidentunnel . . . . . . . . .

### 131
Als Kommissar Fuchs die schrecklichen Bilder im Fernsehen sieht, seufzt er: „Schlimm, so viele . . . . . . auf der Welt."

### 132

Florina hat sich am Kopf gestoßen. „Halte den Waschlappen kurz unter kaltes Wasser und . . . . . dir dann damit die Stirn", rät ihr Kommissar Fuchs.

### 133

Vor dem Schlafen gibt Florina ihrem Vater einen Gute-Nacht-. . . . .

### 134
„In welchem . . . . möchtest du dieses Jahr deine Ferien verbringen? In Italien oder Portugal?", fragt Kommissar Fuchs seine Tochter.
„Am liebsten würde ich in beide . . . . . . reisen", antwortet Florina lachend.

### 135

Kommissar Fuchs fährt an der . . . . . . Autoschlange vorbei zur Unfallstelle.

### 136

Kommissar Fuchs ärgert sich über ein lautes Autoradio: „Dieser . . . . ist unerträglich!"

Karteikarten

(137) Florina . . . . . . den winselnden Fidi raus.

(138) Florina mag es, wenn sich im Herbst das . . . . bunt färbt.

(139) Am Elternabend spricht Kommissar Fuchs mit Florinas . . . . . . . . . .

(140)
In . . . . . . . Sekunde kann Kommissar Fuchs verhindern, dass der Dieb entkommt.

(141) Kommissar Fuchs findet eine geheimnisvolle Falltür. Er öffnet sie und . . . . . . . . mit der Taschenlampe hinein.

(142) Im Auto singt Florina ihrem Vater . . . . . . . aus der Schule vor.

(143) „Muss ich hier nach rechts oder . . . . . abbiegen?", überlegt Kommissar Fuchs.

(144) „Messer, Gabeln, . . . . . . . – das gesamte Silberbesteck wurde gestohlen", schluchzt die Gräfin, während Kommissar Fuchs im Schloss nach verdächtigen Spuren sucht.

Karteikarten

**145**

Florina hat das Bad geputzt. „Und was bekomme ich als . . . . ?", fragt sie. „Meine Freude sollte dich genug . . . . . . . .",
meint Kommissar Fuchs.

**146**

„Diamanten ziehen mich an wie ein . . . . . .", gesteht der Dieb dem Kommissar.

**147**

„Ich wünschte, jemand würde eine . . . . . . . . erfinden, die meine Hausaufgaben erledigen könnte",
seufzt Florina.

**148**

Kommissar Fuchs nimmt . . . .
„Der Täter hat Schuhgröße 45", ruft er, nachdem er die Länge des Fußabdrucks bestimmt hat.

**149**

Fernsehen, Internet, Radio und andere . . . . . . berichten von Kommissar Fuchs' großem Fahndungserfolg.

**150**

„Möchtest du in den Ferien lieber in die Berge oder zum Baden ans . . . . fahren?", fragt Kommissar Fuchs seine Tochter.

**151**

Florina kocht und würzt die Suppe. Sie überlegt: „Soll ich noch . . . . Salz nehmen?"

**152**

Mit einem Maßband . . . . . Kommissar Fuchs die Länge der Fußspur.

Karteikarten

(153) „Der Dieb hatte mich gefesselt. Doch mit einem scharfen . . . . . ., das in meiner Hosentasche steckte, konnte ich das Seil durchschneiden und mich befreien", erzählt Kommissar Fuchs stolz seiner Tochter.

(154)
Für sein kleines Haus muss Kommissar Fuchs jeden Monat 500 € . . . . . zahlen.

(155) Die Lehrerin fragt: „Wann steht die Sonne am höchsten?" Florina antwortet: „Am . . . . . . . ."

(156)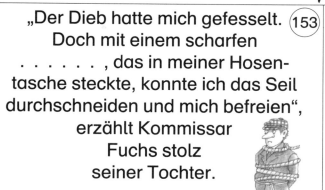
Kommissar Fuchs . . . . aus verschiedenen Obstsäften ein leckeres Getränk.

(157) Staunend betrachtet Florina im Wald das weiche, leuchtend grüne . . . . .

(158)
Florina passt genau auf, dass ihr Vater den . . . . trennt und nicht alles in eine Tonne wirft.

(159)
„Die Lösung ist zum Greifen . . . . Das versteckte Geld muss hier ganz in der . . . . sein", glaubt Kommissar Fuchs.

(160)
Florina holt Stoff, Nadel und Faden und . . . . für ihren Teddy eine Hose. Doch beim Anziehen reißt die . . . . auf.

Karteikarten

**161**
Florina sieht sich einen Tierfilm an. „Um nicht zu verhungern, muss die Mutter mit ihren Jungen weiterziehen. Denn in dieser Gegend gibt es nicht genügend . . . . . . . für alle", erklärt der Mann im Fernsehen.

**162**
Die Straße ist vom Regen . . . . . Bei . . . . . fährt Kommissar Fuchs immer ganz vorsichtig.

**163**
Florina liebt die Landschaft mit Wäldern und Feldern, die frische Luft, die Tiere und Pflanzen in der . . . . . .

**164**
Florina kann ihre Rechenaufgaben nicht lösen. Ihr Vater meint: „Das macht . . . . . . . , ich erkläre sie dir noch mal."

**165**
Florina ist empört: „Dass manche Leute ihre Tiere vor dem Urlaub einfach aussetzen, finde ich gemein. So etwas würde ich . . . . . . . tun!"

**166**
In Florinas Klasse wurde eine Fensterscheibe zerbrochen. „Wer war das?", fragt die Lehrerin. Doch . . . . . . . meldet sich.

**167**
Kommissar Fuchs notiert sich schnell die . . . . . . des flüchtigen Autos.

**168**
Florina will einen Kuchen für die Schule backen. Ihr Vater meint: „Lass bitte die Mandeln weg, manche Kinder sind gegen . . . . . allergisch."

Karteikarten

(169) Florina hat die Tür zur Küche offen gelassen. Fidi . . . . . die Gelegenheit und klaut eine Wurst vom Tisch.

(170) Die Tür zum Haus ist . . . . . . Kommissar Fuchs geht vorsichtig hinein.

(171)  Nach einem Einsatz nimmt Kommissar Fuchs den falschen Bart und die dunkle Sonnenbrille ab. „Na endlich, . . . . diese alberne Verkleidung gefällst du mir gleich viel besser", sagt Florina lachend.

(172)  Liebevoll ver . . . . . Florina kleine Leckereien für Fidi. Anschließend hängt sie die 24 kleinen . . . . . . . . . an Fidis Adventskalender.

(173) Das Postauto liefert bei Kommissar Fuchs ein riesiges . . . . . ab.

(174)  Bei einer Kontrolle am Flughafen müssen Kommissar Fuchs und Florina ihre . . . . . zeigen.

(175) „Und, . . . . . . die Schuhe?", fragt Kommissar Fuchs seine Tochter im Schuhgeschäft.

(176)  Im Wald sammeln Kommissar Fuchs und Florina . . . . . . „Vorsicht, manche sind giftig", warnt Kommissar Fuchs seine Tochter.

Karteikarten

### 177

Kommissar Fuchs und Florina sehen gerade einen spannenden Film. Da ist . . . . . . . . . der Strom weg.

### 178

„Können die kein ordentliches . . . . . . . . bringen?," ärgert sich Florina beim Fernsehen, „auf jedem Sender laufen langweilige Filme!"

### 179

„Florina, du bist gemein! Wie kannst du mich nur so . . . . . . und vor meinen Augen ein Eis essen, während ich Diät halten muss?", fragt Kommissar Fuchs seine Tochter.

### 180

Am Berg sehen Kommissar Fuchs und Florina eine . . . . . . mit reinem Wasser.

### 181

„Stell bitte das . . . . . leiser", ruft Kommissar Fuchs seiner Tochter zu.

### 182

„Dieses . . . . . . werden Sie niemals lösen!", freut sich der Verbrecher. Doch Kommissar Fuchs hat schon längst er . . . . . ., wo die Beute versteckt ist.

### 183
„Muss ich hier nach links oder . . . . . . abbiegen?", überlegt Kommissar Fuchs.

### 184

„Wusstest du, dass man aus kaputten Flaschen wieder neue herstellen kann?", fragt Florina. „Ja, dieser Vorgang heißt . . . . . . . . . .", erklärt Kommissar Fuchs.

Karteikarten

**185**

Im Wald sehen Kommissar Fuchs und Florina erst ein . . . und dann nochmals drei . . . . vorbeispringen.

**186**
Ungeduldig . . . . . Kommissar Fuchs sein Geburtstagspäckchen auf.

**187**
So schnell er kann, . . . . . Kommissar Fuchs dem Dieb nach.

**188**
Kommissar Fuchs überprüft Florinas Rechenaufgaben: „Alles . . . . . . . . ", lobt er.

**189**

Kommissar Fuchs muss ein leeres Haus durchsuchen. „Hier . . . . . . es aber komisch. Was könnte das nur für ein . . . . . . . sein?", denkt er und rümpft die Nase.

**190**

Nach einem hektischen Tag im Büro legt sich Kommissar Fuchs erschöpft auf das Sofa und seufzt: „Endlich habe ich meine . . . . . ."

**191**
„Anschließend . . . . . . . du den Teig gut um, damit sich die Zutaten mischen", erklärt Kommissar Fuchs seiner Tochter.

**192**

Kommissar Fuchs . . . . . . . alte Münzen. Er hat schon mehr als hundert in seiner . . . . . . . . .

Karteikarten

(193)

„Gibt es wirklich Flugzeuge, die schneller sind als der . . . . . . ?", fragt Florina ihren Vater.

(194)

Kommissar Fuchs will das Licht ein . . . . . . . . ., doch der . . . . . . . . funktioniert nicht.

(195)
„Florina, pass bitte beim Zwiebelschneiden auf. Das Messer ist sehr . . . . . . . ",
warnt Kommissar Fuchs seine Tochter.

(196)
„Willst du dich in die Sonne oder lieber in den . . . . . . . . setzen?", fragt Florina ihren Vater.

(197)

Kommissar Fuchs hat eine Motorpanne und . . . . . . . sein Auto an den Straßenrand.

(198)

Florina lacht:
„Papa, das Bild hängt ja völlig . . . . . . . !"

(199)
Florina ist wütend und
. . . . . . . .
mit ihrem Vater:
„Du bist heute schon wieder zu spät gekommen."

(200)
Vorsichtig . . . . . . . .
Kommissar Fuchs
mit einem Draht die Tür auf.
Schon geht das . . . . . . . auf.

Karteikarten

**201** „Vielen Dank, Herr Kommissar. Dass Sie den Täter gefasst haben, ist sehr nett von Ihnen", sagt die ältere Dame zu Kommissar Fuchs. „Aber das ist doch . . . . . . . . . . mein Beruf. Dafür brauchen Sie mir nicht zu danken", meint Kommissar Fuchs.

**202**
Kommissar Fuchs muss eine Wohnung durchsuchen. Aber er hat keinen . . . . . . . . . . , um die Tür zu öffnen.

**203**
Kommissar Fuchs hat Suppe gekocht. „Mmh, die . . . . . . . . aber fein", lobt Florina.

**204**
„Achtung, frisch geputzt! Pass auf und trag keinen . . . . . . . herein", ruft Florina ihrem Vater zu.

**205** Vorsichtig schleicht Kommissar Fuchs ums Haus. Plötzlich berührt ihn etwas am Bein. Starr vor . . . . . . . . hält Kommissar Fuchs den Atem an. Dann lacht er: „Fidi, hast du mich . . . . . . . . . . !"

**206**
„Haben Sie den Schuldigen schon?", wird Kommissar Fuchs gefragt. Er . . . . . . . . . den Kopf: „Leider nein."

**207** „Mit dieser Alarmanlage und der neuen Haustür sind Sie gut vor Einbrechern ge . . . . . . . .", beruhigt Kommissar Fuchs die alte Dame.

**208**
Kommissar Fuchs verhört den Täter. Doch der sagt nichts, sondern . . . . . . . . nur.

Karteikarten

209
Florina freut sich. „Diese Rechenaufgaben sind nicht . . . . . . . . . .
Die kann ich ja sogar im Kopf lösen."

210
„Lass uns um die Wette . . . . . . . . . , Papa. Wer zuerst an der Boje ist, hat gewonnen", ruft Florina und springt ins Wasser.

211

Es ist heiß. Kommissar Fuchs . . . . . . . . . .
Mit einem Tuch wischt er sich den . . . . . . . von der Stirn.

212
Kommissar Fuchs und seine Tochter fahren zum Schwimmen an einen . . . . .

213
„Wollen Sie sich . . . . . . . ?", fragt Kommissar Fuchs seine Besucherin und zeigt auf den Stuhl.

214
Da Kommissar Fuchs keinen Fotoapparat dabei hat, macht er schnell eine . . . . . . . vom Unfallort.
Er . . . . . . . . . , wie die Autos in der Kreuzung stehen.

215
Florina liebt . . . . . . .
Heute hat sie Fidi zum . . . . eine Schleife um den Schwanz gebunden.

216
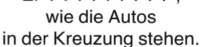
Kommissar Fuchs kommt wieder einmal . . . . nach Hause.
„Ich hab mich leider . . . . . . . . . .", entschuldigt er sich.

Karteikarten

**217**
Am Abend macht Kommissar Fuchs mit Fidi noch einen . . . . . . . . . . . .
Gerne . . . . . . . . er am Fluss entlang.

**218**
„Ich muss abends früher ins Bett gehen", denkt Kommissar Fuchs, als er morgens sein müdes Gesicht im . . . . . . . sieht.

**219**
Kommissar Fuchs spielt mit seinem . . . . . . . Bleistift und sticht sich prompt an der . . . . . . .

**220**
Kommissar Fuchs überlegt, in welche . . . . . der Dieb geflüchtet sein könnte.
Er schreibt einige . . . . . . auf, zum Beispiel Köln, Frankfurt, Hamburg und Berlin.

**221**

Fidi bellt, als er sieht, wie eine Katze im Garten den . . . . . der dicken Eiche hinaufklettert.

**222**

Kommissar Fuchs hat eine . . . . . . Erkältung. Er . . . . . . sich mit heißem Zitronentee und frischem Obst.

**223**
Kommissar Fuchs springt auf das Boot und ruft. „Achtung, Sie . . . . . . . geradewegs auf die Hafenmauer zu!
Lassen Sie mich lieber ans . . . . . . . , bevor noch ein Unglück geschieht."

**224**
Florina schneidet die . . . . . . . der Blumen an, damit sie nicht so schnell verwelken.

Karteikarten

**225** Kommissar Fuchs bezweifelt, dass Florinas Rechnung . . . . . . . Aber Florina meint: „Die Lösung ist . . . . . . . . richtig."

**226** Kommissar Fuchs und Florina schauen sich . . . . . . für neue Gardinen an.

**227**
Im Urlaub laufen Florina und ihr Vater gerne am . . . . . . entlang, um Muscheln zu sammeln.

**228**
Als die Autos halten, überquert Kommissar Fuchs vorsichtig die . . . . . . . .

**229**
Zum Geburtstag schenkt Kommissar Fuchs seiner Tochter einen wunderschönen . . . . . . aus weißen und roten Rosen.

**230**
Die Zeugen . . . . . . . . darüber, ob das flüchtige Auto schwarz oder dunkelgrau war.

**231** Kommissar Fuchs schaut zu, wie die Fans ins Fußballstadion . . . . . . . . .

**232** „Kannst du mir noch ein . . . . . von deinem leckeren Kuchen geben?", fragt Kommissar Fuchs seine Tochter.

Karteikarten

**233**
„Wollen Sie sich setzen?",
fragt Kommissar Fuchs seine
Besucherin und zeigt auf
den . . . . . . .

**234**

Bäume biegen sich im Wind,
die Fensterläden klappern und
Blätter wirbeln durch die Luft.
„So ein . . . . . !", ruft Florina.

**235**

Kommissar Fuchs hat Zahnschmerzen.
„Du isst zu viele . . . . . . . . . . . .
Dabei weißt du ganz genau,
dass . . . . Sachen den Zähnen
schaden", seufzt Florina.

**236**
Florina erklärt den
Unterschied zwischen Fichten
und . . . . . . :
„Bei der Fichte stehen die
Nadeln rings um den Ast,
bei der . . . . .
in zwei Reihen."

**237**

Kommissar Fuchs will Tee trinken.
Florina stellt eine . . . . .
auf den Tisch.

**238**

Kommissar Fuchs überlegt:
Beim ersten Einbruch hat der
Dieb 500 Euro gestohlen,
beim zweiten ebenfalls
500 Euro.
„Insgesamt also
. . . . . . . . Euro",
denkt sich Kommissar Fuchs.

**239**

Nach dem Verhör fragt Kommissar
Fuchs den Mann: „Sind Sie mit dem
Auto da oder soll ich Ihnen ein
. . . . rufen?"

**240**
Kommissar Fuchs will an
seinem Haus eine
Alarmanlage einbauen.
Er seufzt: „Ich komme
mit der . . . . . . .
einfach nicht zurecht."

Karteikarten

**241**
Florina will den Tisch decken und fragt ihren Vater: „Brauchen wir flache oder tiefe . . . . . . ?"

**242**
Kommissar Fuchs ärgert sich: Ohne Lesebrille kann er den klein gedruckten . . . . in der Zeitung nicht lesen.

**243**
Als im . . . . . . . die Lichter ausgehen, der Vorhang sich hebt und die Schauspieler auf die Bühne treten, fallen Kommissar Fuchs die Augen zu. „Er arbeitet zu viel", seufzt Florina.

**244**
„An dieser Stelle kannst du ins Wasser springen. Hier ist es . . . . genug", ruft Kommissar Fuchs Florina zu.

**245**
Als Kommissar Fuchs dem jungen Dieb seine Schuld nachweist, fließen die . . . . . . .

**246**
Kommissar Fuchs liegt im Bett und . . . . . . . vom Urlaub auf einer einsamen Insel. „War das ein schöner . . . . . .", denkt er sich nach dem Aufwachen.

**247**
„Ich . . . . . . mich später mit Anna im Park", ruft Florina ihrem Vater zu. „Habt ihr euch nicht erst gestern . . . . . . . . . ?", fragt Kommissar Fuchs.

**248**
Als Florina krank ist, weicht Fidi keine Sekunde von ihrem Bett. „Du bist ein . . . . . . Freund", sagt sie und streichelt Fidi.

Karteikarten

(249) Nach dem Baden reibt Florina ihren nassen Dackel Fidi mit einem Handtuch . . . . . . . .

(250)
Dichter Verkehr! Kommissar Fuchs muss warten und kann die Straße nicht . . . . . . . . . . .

(251) Unterwegs bemerkt Kommissar Fuchs, dass er zu Hause sein Handy vergessen hat. Er muss . . . . . . . . und es holen.

(252) „Der Mann war . . . . . . . . so groß wie Sie. Aber genau weiß ich es nicht mehr. Es ging alles so schnell", sagt der Zeuge zu Kommissar Fuchs.

(253) Kommissar Fuchs zu Florina: „Wenn wir jetzt nicht sofort zur Schule fahren, kommst du noch zu spät zum
. . . . . . . . . . .

(254)
Kommissar Fuchs und Florina freuen sich auf ihren
. . . . . . . am Meer.

(255)
Kommissar Fuchs stellt den Blumenstrauß in eine schöne . . . . .

(256) Florina verjagt Fidi: „Aus! Ich . . . . . . . . dir, in meinem Bett zu schlafen." Ob Fidi das . . . . . . versteht?

# Karteikarten

**257** „Wir . . . . . . . . . . zu viel Strom. Ab jetzt wird gespart!", beschließt Kommissar Fuchs, als er die Stromrechnung sieht.

**258**  Kommissar Fuchs ärgert sich: Er hat sich beim Kochen an der heißen Herdplatte . . . . . . . . . . .

**259** Kommissar Fuchs will sportlicher werden und meldet sich zum Fußballspielen in einem . . . . . . . an.

**260**  „Ich schreibe dir lieber einen Einkaufszettel, sonst . . . . . . . . du noch die Hälfte", sagt Florina zu ihrem Vater. „Und was ist, wenn ich den Zettel auch . . . . . . . . ?", fragt Kommissar Fuchs lachend.

**261**  Fidi hat sich . . . . . . . . . . Florina verbindet seine Wunde, damit die . . . . . . . . . . bald heilt.

**262** Kommissar Fuchs und Florina spielen Karten. „So ein Pech! Dieses Spiel werde ich wohl . . . . . . . . . . , ebenso wie ich das letzte Spiel . . . . . . . . habe", seufzt er.

**263**  Kommissar Fuchs . . . . . . . . liebevoll Florinas Geburtstagsgeschenk.

**264** Florina ist empört: Abfälle und Unrat . . . . . . . . . . . . . den See.

# Karteikarten

### 265
„Ich suche Fidi im ganzen Haus. Hat er sich . . . . . . . . . . bei dir versteckt?", fragt Kommissar Fuchs. „Nein, bei mir ist er auch nicht", antwortet Florina.

### 266

Der Müllbeutel ist . . . . und Florina trägt ihn zur Tonne.

### 267
Kommissar Fuchs schimpft über einen Autofahrer: „Der hat mir die . . . . . . . . genommen."

### 268
„Seien Sie bitte äußerst . . . . . . . . . . !
Der Dieb ist sehr gefährlich", warnt Kommissar Fuchs seine Kollegen.

### 269
Florina ist überrascht, wie schnell ihre gesäten Blumen . . . . . . . . .

### 270
In Florinas Klasse . . . . . . die Kinder zwei Klassensprecher in geheimer . . . . .

### 271
Kommissar Fuchs macht sich Notizen, . . . . . . . . er dem Zeugen zuhört.

### 272
Kommissar Fuchs und Florina wandern gerne im . . . . . .

Karteikarten

**273** Kommissar Fuchs braucht Kleingeld für die Parkgebühr und lässt sich im Geschäft einen 5-Euro-Schein . . . . . . . . .

**274** „Sie müssen mir glauben, Herr Kommissar! Ich wollte nichts stehlen, sondern mich in dem Museum nur ein . . . . . umsehen", sagt der Mann. Doch Kommissar Fuchs glaubt ihm kein Wort.

**275** „Ich muss unbedingt mit Herrn Kommissar Fuchs sprechen. Es ist sehr . . . . . . . ", sagt die Anruferin.

**276** Florina schimpft mit Fidi: „Jetzt hast du schon . . . . . . meinen Schuh versteckt."

**277** Kommissar Fuchs . . . . . sich. „Wieder ein Kilo mehr. Noch vor einem Monat . . . ich weniger", seufzt er.

**278** Als Florina aus dem Zirkus kommt, erzählt sie ihrem Vater aufgeregt von den Löwen: „In der Pause hat uns der Dompteur erzählt, wie schwer es ist, diese . . . . . . Tiere zu zähmen."

**279** Florina fragt ihren Vater: „Ich möchte gerne . . . . . . , wie viel ein neuer Hundekorb kostet. Papa, . . . . . du es?"

**280** Kommissar Fuchs . . . . . . . . auf einer Skizze ein, wo die Zeugen zum Zeitpunkt des Unfalls standen.

Karteikarten

**281** Beim Frühstück liest Kommissar Fuchs die . . . . . . . .

**282**  Als Florina nach dem letzten Schultag nach Hause kommt, zeigt sie ihrem Vater sofort ihr gutes . . . . . . . .

**283** „Fidi, weg da!", ruft Kommissar Fuchs und . . . . . Fidi schnell von dem giftigen Köder weg.

**284**  Florina und ihr Vater machen ein Würfelspiel. „Gleich bin ich im . . . . . ", freut sie sich.

**285** Beim Bleigießen an Silvester fragen sich Kommissar Fuchs und Florina, was die . . . . . . . wohl bringen wird.

**286** „Na warte, Papa! Wer . . . . . . . lacht, lacht am besten!", sagt Florina zu ihrem Vater, als er ihre Spielfigur kurz vor dem Ziel rauswirft.

**287**  Kommissar Fuchs hat seinen Autoschlüssel vergessen und geht ins Haus . . . . . . .

**288**  „Lass uns . . . . . . . . aufräumen. Gemeinsam sind wir viel schneller", schlägt Florina ihrem Vater vor.

Karteikarten

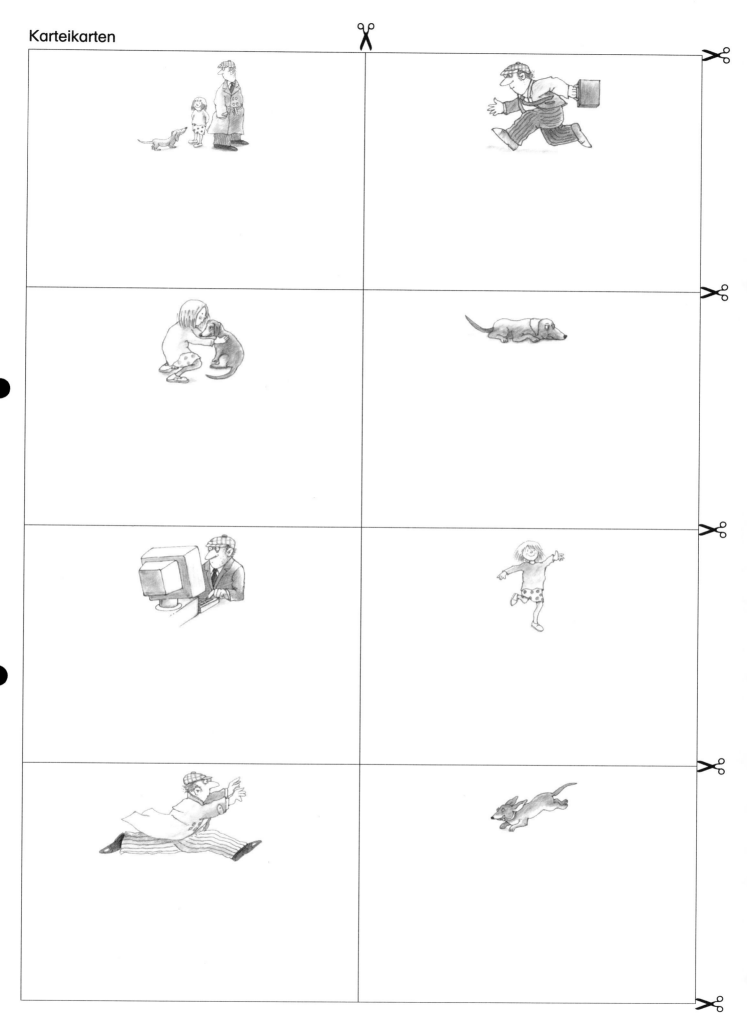

48

# Karteikarten

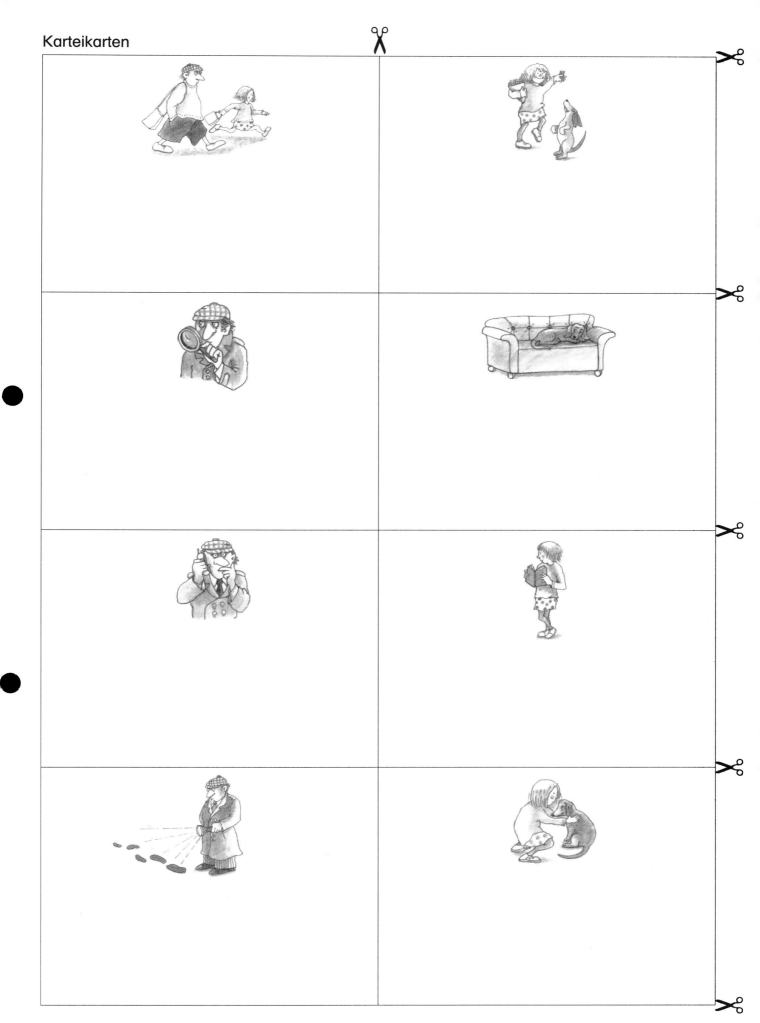

# Überblick über die Grundwortschatzwörter und Rechtschreibstrategien

Bei *kursiv* gesetzten Wörtern handelt es sich um Ableitungen, die sich nicht in den angegebenen Lückensatz einsetzen lassen, sondern nur indirekt – also über entsprechende Arbeitsaufträge – geübt werden können.

1. **Lauttreue Wörter**
   Alphabetische Strategie: Diese Wörter schreibe ich so, wie ich sie höre. Beispiel: Beruf, entgegen usw.
2. **Wörter mit Buchstabengruppen für einen Laut (bedingt lauttreue Wörter)**
   Alphabetische Strategie: Ich schreibe für einen Laut zwei oder drei verschiedene Buchstaben.

### Au/au

aufräumen, *Raum* (6)
aufwecken (7)
außen (8)
draußen (45)
erlauben, Erlaubnis (59)
Haufen (105)
Laub (138)
Strauß (229)
tausend (238)
Traum (246)
Urlaub (254)
verbrauchen (257)

### äu

aufräumen → *Raum* (6)
Gebäude → *bauen* (86)
häufig → Haufen (105)
*Sträuße* → Strauß (229)
*Träume* → Traum (246)

### ei

Beispiel (12)
beißen (13)
bereit, bereits (16)
eigentlich (54)
Fleiß, fleißig (72)
Flüssigkeit (76)
frei, *Freiheit* (77)
*Fröhlichkeit* (81)
geheim, *Geheimnis* (89)
Gemeinde (90)
heizen, Heizung (106)
reißen (186)
schweigen (208)
*Schwierigkeit* (209)
Schweiß (211)
*Streit,* streiten (230)

Süßigkeit (235)
Verein, *vereinen* (259)
vielleicht (265)
weiß (279)
zeichnen, *Zeichnung* (280)
Zeitung (281)

### Eu/eu

deutlich (39)
*deutsch,* Deutschland (40)
Europa (63)
feucht, *Feuchtigkeit* (69)
Feuer (70)
Flugzeug (74)
*Kreuz,* Kreuzung (129)
leuchten (141)
Steuer, steuern (223)
treu (248)
Zeugnis (282)

### Ch/ch

ängstlich (3)
beobachten (14)
bisschen (22)
Christ (36)
deutlich (39)
ehrlich (53)
eigentlich (54)
empfindlich (55)
feucht, *Feuchtigkeit* (69)
Fichte (71)
fröhlich (81)
gefährlich (88)
glücklich (98)
hoffentlich (109)
*jugendlich* (118)
kriechen, *kroch* (130)
leuchten (141)
*natürlich* (163)

nichts (164)
*nützlich* (169)
Päckchen (172)
plötzlich (177)
richtig (188)
riechen, Geruch (189)
schließlich (201)
*schrecklich* (205)
Technik, *technisch* (240)
Unterricht (253)
verbrauchen (257)
vielleicht (265)
*Vorsicht,* vorsichtig (268)
wichtig (275)
Gewicht (277)
zeichnen, *Zeichnung* (280)

### sch

*deutsch,* Deutschland (40)
Geschäft, *schaffen* (91)
geschehen, *geschieht* (92)
Maschine (147)
Schall (193)
schalten, Schalter (194)
scharf, *Schärfe* (195)
Schatten (196)
schieben, *schob* (197)
schief (198)
schimpfen (199)
schließen, *schloss,* Schloss (200)
schließlich (201)
Schlüssel (202)
schmecken, Geschmack (203)
Schmutz, schmutzig (204)
Schreck, *schrecklich,* erschrecken (205)
schütteln (206)
Schutz, schützen (207)

schweigen, *schwieg* (208)
schwierig, *Schwierigkeit* (209)
schwimmen, *schwamm, geschwommen* (210)
Schweiß, schwitzen (211)
*stürmisch* (234)
*technisch* (240)
verschmutzen, *Verschmutzung* (264)

### ng

Angst, ängstlich (3)
Entfernung (56)
Entwicklung (58)
Erwartung (61)
Erzählung (62)
*Führung* (84)
hängen, *Hang* (103)
Heizung (106)
Herstellung (107)
Hunger, *hungrig* (112)
Impfung (114)
jung (119)
Kreuzung (129)
lang, *länger* (135)
Nahrung (161)
Recycling (184)
Sammlung (192)
Spaziergang (217)
*Verbrennung* (258)
Verletzung (261)
*Verpackung* (263)
*Verschmutzung* (264)
*Zeichnung* (280)
Zeitung (281)

### nk

links (143)

**Hinweis:** Kinder, die in den Bereichen 1 und 2 noch unsicher sind, sollten zuerst nur Wörter aus diesen Bereichen üben. Die Reihenfolge der Bereiche 3 bis 7 ist beliebig.

## 3. Wörter mit Dehnung (langer Selbstlaut)

Regelwissen und orthografische Strategie: Ich muss Buchstaben schreiben, die ich nicht höre. Wörter dieser Gruppe muss ich mir merken.

**ah/äh**

ähnlich (1)
Bahn (10)
Draht, *Drähte* (44)
erzählen, Erzählung (62)
Gefahr, gefährlich (88)
nah (159)
Nahrung, *ernähren* (161)
Naht (160)
ungefähr (252)
Vorfahrt (267)
Wahl, wählen (270)
während (271)

**eh**

dreht (47)
ehrlich (53)
Fehler, fehlerfrei (64)
*Lehrer,* Lehrerin (139)
mehr (151)
Reh (185)
umkehren (251)

**oh/öh**

bohren (28)
fröhlich, *Fröhlichkeit* (81)

*hohl,* Höhle (111)
Lohn, belohnen (145)
ohne (171)

**uh/üh**

fühlen, Gefühl (83)
führen, *Führung* (84)
glüht (99)
*kühl,* kühlen (132)
*ruhig* (190)
rühren (191)
Stuhl (233)

**ie**

Beispiel (2)
biegen (21)
fließen (73)
Frieden, friedlich (79)
frieren (80)
*geschieht* (92)
gießen (96)
informieren (115)
Kiefer (123)
kriechen (130)
Krieg (131)
Lied (142)
Miete (154)

niemals (165)
niemand (166)
*nummerieren* (167)
riechen (189)
schieben (197)
schief (198)
schließen (200)
schließlich (201)
*schwieg* (208)
schwierig, *Schwierigkeit* (209)
skizzieren (214)
Spaziergang, spazieren (217)
Spiegel, *spiegeln* (218)
Stiel (224)
tief, Tiefe (244)
verbieten (256)
verlieren (262)
vielleicht (265)
wieder (276)
wiegen (277)
ziehen (283)
Ziel, *zielen* (284)

**ieh/ih**

ihr, ihre/m (113)
*geschieht* (92)
zieht (283)

**aa – ee – oo**

Boot (29)
Meer (150)
Moos (157)
See (212)

**ß**

außen (8)
beißen (13)
bloß (27)
draußen (45)
Fleiß, fleißig (72)
fließen (73)
*fraß* (78)
gießen (96)
grüßen (101)
Maß (148)
*maß* (152)
reißen (186)
schließen (200)
schließlich (201)
Schweiß (211)
Spaß (215)
Straße (228)
Strauß (229)
süß, Süßigkeit (235)
*vergaß* (260)
weiß (279)

## 4. Wörter mit Schärfung (kurzer Selbstlaut)

Regelwissen und orthografische Strategie:
- Ich muss Buchstaben doppelt schreiben, obwohl ich sie nur einmal höre (vgl. auch Bereich 3, aa – ee – oo). Manchmal hilft das Verlängern des Wortes und das Sprechen in Silben: Ball → Bäl-le
- Vor zwei oder drei Mitlauten ist der Selbstlaut immer kurz.

**ff**

hoffen, hoffentlich (109)
Löffel (144)
offen (170)
*schaffen* (91)
Stoff (226)
treffen, getroffen (247)

**ll**

Brille (34)
herstellen, Herstellung (107)
Müll (158)
Quelle (180)
Schall (193)
Teller (241)
vielleicht (265)
voll, *vollständig* (266)

**mm**

dumm, Dummheit (49)
Kamm, kämmen (121)
Nummer, *nummerieren* (167)
Programm (178)
sammeln, Sammlung (192)
schwimmen, schwamm, geschwommen (210)
Stamm (221)
stimmen, bestimmt (225)
zusammen (288)

**nn**

beginnen, begann, begonnen (11)
brennen, brannte (33)
Donner, donnern (43)
dünn (50)
*gewinnen, gewann* gewonnen (94)
kennen, *kannte* (122)
rennen, *rannte* (187)
Tanne (236)
*verbrennen,* verbrannte, Verbrennung (258)

**ss**

besser (18)
*Biss* (13)
bisschen (22)
*floss* (73)
Fluss (75)
*flüssig,* Flüssigkeit (75)
fressen, frisst (78)
goss (96)
Interesse, interessant (116)
Kompass (126)
Kuss (133)
*lassen,* lässt (137)
*messen,* misst (152)
Messer (153)
nass, Nässe (162)
Nuss (168)
Pass (174)
passen (175)
*riss* (186)
*schloss,* Schloss (200)
Schlüssel (202)
Tasse (237)
vergessen, vergisst (260)
wissen, *wusste* (279)

**tt**

Bett (19)
Diskette (42)
Fett, fett (68)
Gewitter (95)
glatt (97)
Gott (100)
klettern (125)
Mittag, *Mitte* (155)
Schatten (196)
schütteln (206)

**ck**

aufwecken, Wecker (7)
backen, Bäcker (9)
blicken, Blick (23)
Block (26)
Brücke (35)
Decke, entdecken (38)
dick (41)
*dreckig,* Dreck (46)
drücken, *Druck* (48)
Ecke, *eckig* (52)
entwickeln, Entwicklung (58)
Glück, glücklich (98)
packen, Päckchen (172)
schmecken, Geschmack (203)
Schreck, *schrecklich,* erschrecken (205)
Stück (232)
trocken (249)
verpacken, *Verpackung* (263)
zurück (287)

**pf**

empfinden, empfindlich (55)
impfen, Impfung (114)
schimpfen (199)

**tz**

Blitz, blitzen (25)
Gesetz (93)
Hitze (108)
kratzen (128)
letzte/r (140)
nutzen, *nützen,* nützlich (169)
plötzlich (177)
Schmutz, *schmutzig* (204)
Schutz, schützen (207)
schwitzen (211)
setzen, *besetzt* (213)
spitz, Spitze (219)
verletzen, Verletzung (261)
verschmutzen, *Verschmutzung* (264)
zuletzt (286)

## 5. Weitere nicht lauttreue Wörter

Regelwissen und orthografische Strategie: Ich muss einen Laut anders schreiben, als ich ihn höre.

**St/st**
(für scht am Wortanfang)

Stadt, *Städte* (220)
Stamm, *Stämme* (221)
stark, stärken (222)
Steuer, steuern (223)
Stiel (224)
stimmen (225)
Stoff (226)
Strand, *Strände* (227)
Straße (228)
Strauß, *Sträuße* (229)

streiten, *Streit* (230)
strömen, *Strom* (231)
Stück (232)
Stuhl (233)
Sturm, *stürmisch* (234)

**Sp/sp**
(für schp am Wortanfang)

Spaß, *Späße* (215)
spät (216)
Spaziergang,
 spazieren (217)

Spiegel, *spiegeln* (218)
Spitze, spitz (219)

**ks**

du *drückst* (48)
du *entdeckst* (38)
du *erschreckst* (205)
links (143)
du *packst* (172)
du *schmeckst* (203)

**x** (für ks)

boxen (30)
mixen (156)
Taxi (239)
Text (242)

**chs** (für ks)

Fuchs (82)
wachsen, *wuchs,*
 *Gewächs* (269)
wechseln (273)

## 6. Weitere nicht lauttreue Wörter

Regelwissen und orthografische Strategie: Für manche Laute kann ich verschiedene Buchstaben schreiben. Manche Buchstaben muss ich auf verschiedene Weise sprechen.

**ä** (für e)
Strategie: Wort mit a suchen

ähnlich (1) → ahnen
ändern (2) → anders
ängstlich (3)
ärgern (4) → arg
Ärztin (5)
Bäcker (9)
*Brände* (31)
*Drähte* (44)
erklären (124) → klar
*ernähren* (161)
erzählen, Erzählung (62)
gefährlich (88)
Geschäft (91) → schaffen
*Gewächs* (269)
hängen (103)
härter (104)
kämmen (121)
kräftig (127)
Länder (134)
*länger* (135)
lässt (137)
Nähe (159)
näht (160)
Nässe (162)
Päckchen (172)
Pässe (174)
quälen (179)
Rätsel (182)
Schärfe (195)
Späße (215)

*Spaziergänge* (217)
*Städte* (220)
*Stämme* (221)
*stärken* (222)
*Strände* (227)
wählen (270)
*Wälder* (272)

**ä** (ohne Ableitung)
Käfig (120)
Lärm (136)
Träne (245)
ungefähr (252)
verspäten, spät (216)
*vollständig* (266)
während (271)

**V, v** (für f)

bevor (20)
brav (32)
verbieten, *verbot* (256)
verbrauchen (257)
verbrennen,
 *Verbrennung* (258)
Verein (259)
vergessen, *vergisst,*
 *vergaß* (260)
verletzen,
 Verletzung (261)
verlieren (262)
verpacken,
 Verpackung (263)

verschmutzen,
 *Verschmutzung* (264)
verspäten (216)
vielleicht (265)
voll, *vollständig* (266)
Vorfahrt (276)
vorsichtig, *Vorsicht* (268)

**V, v** (für w)
Vase (255)

**ts/tz/Z,z/zz/t** (für ts)

**ts**
bereits (16)
*Geburtstag* (87)
nichts (164)
Rätsel (182)
rechts (183)

**tz**
Blitz, blitzen (25)
Gesetz (93)
Hitze (108)
kratzen (128)
letzte/r (140)
nutzen, *nützen,*
 *nützlich* (169)
plötzlich (177)
Schmutz, *schmutzig* (204)
*Schutz,* schützen (207)
schwitzen (211)
setzen, *besetzt* (213)

spitz, Spitze (219)
verletzen, Verletzung (261)
verschmutzen,
 Verschmutzung (264)
zuletzt (286)

**Z, z**
Arzt, Ärztin (5)
erzählen, Erzählung (62)
Flugzeug (74)
ganz/e/es (85)
heizen, Heizung (106)
*Kreuz,* Kreuzung (129)
Pilz (176)
spazieren,
 Spaziergang (217)
zeichnen, *Zeichnung* (280)
Zeitung (281)
Zeugnis (282)
ziehen, *zog* (283)
Ziel, *zielen* (284)
Zukunft, *zukünftig* (285)
zuletzt (286)
zurück (287)
zusammen (288)

**zz**
Skizze, skizzieren (214)

**t**
Information (115)

**b, d, g im Auslaut**
(für p, t, k)
Strategie: Wort verlängern, Mehrzahl bilden

**b**
Laub (138)
*schob* (197)
Urlaub (254)

**d**
blind (24)
Brand (31)
jemand (117)
Jugend (118)
Land (134)
*Lied* (142)
Strand (227)
tausend (238)

während (271)
Wald (272)
wild (278)

**g**
*bog* (21)
*dreckig* (46)
*durstig* (51)
*eckig* (52)
fertig (67)
fleißig (72)
häufig (105)
hungrig (112)
Käfig (120)
*kräftig* (127)
*Krieg* (131)
richtig (188)
*ruhig* (190)
schmutzig (204)

*schwieg* (208)
schwierig (209)
vollständig (266)
vorsichtig (268)
wenig (274)
wichtig (275)
wog (277)
zog (283)
*zukünftig* (285)

**Buchstaben mit wechselnder Aussprache bei Fremdwörtern**

**C** (für k)
Clown (37)

**C** (für s)
Recycling (184)

**Ch** (für k)
Christ (36)

**y** (für i)
Handy (102)

**Th** (für t)
Theater (243)

## 7. Wörter mit gleichen Wortbausteinen
Morphematische Strategie (Analyse der Wortstruktur): Manche Wöter haben gleiche Bausteine.

**gleiche Anfangsbausteine (Vorsilben)**

**auf-:**
-räumen (6)
-wecken (7)

**Be-/be-:**
-ginnen (11)
-obachten (14)
-quem (15)
-reits (16)
-ruf (17)
-*setzt* (213)
-stimmt (225)
-vor (20)

**Er-/er-:**
-klären (124)
-lauben/-laubnis (59)
-leben/-lebnis (60)
-nähren (161)
-schrecken (205)
-warten/-wartung (61)
-zählen/-zählung (62)

**Ent-/ent-:**
-decken (38)
-fernen/-fernung (56)
-gegen (57)
-wickeln/-wicklung (58)

**Ge-/ge-:**
-bäude (86)
-burt/-*burtstag* (87)
-fahr/-fährlich (88)
-fühl (83)
-heim/-heimnis (89)
-meinde (90)
-schäft (91)
-schehen (92)
-setz (93)
-winn/-winnen (94)
-witter (95)
-ruch (189)
-schmack (203)
-wächs (269)
-wicht (277)

**um-:**
-kehren (251)

**un-:**
-gefähr (252)

**Ver-/ver-:**
-bieten/-bot (256)
-brauchen (257)
-brennen/-*brennung* (258)
-ein (259)
-gessen (260)
-letzen/-letzung (261)
-lieren (262)
-packen/-*packung* (263)
-schmutzen/
-schmutzung (264)
-späten (216)

**Vor-/vor:**
-fahrt (267)
-sicht/-sichtig (268)

**Zu-/zu:**
-kunft/-*künftig* (285)
-letzt (286)
-rück (287)
-sammen (288)

**gleiche Endbausteine (Nachsilben)**

**-chen:**
biss- (22)
Päck- (172)

**-el:**
Löff- (144)
Schlüss- (202)
Spieg- (218)

**-heit:**
Dumm- (49)
Frei- (77)

**ieren:**
inform- (115)
nummer- (167)
skizz- (214)

**-ig:**
*dreck*- (46)

durst- (51)
*eck*- (52)
fert- (67)
fleiß- (72)
häuf- (105)
*hungr*- (112)
*kräft*- (127)
*richt*- (188)
*ruh*- (190)
*schmutz*- (204)
schwier- (209)
*vollständ*- (266)
*vorsicht*- (268)
*zukünft*- (285)

**-ine:**
Masch- (147)

**-isch:**
*stürm*- (234)
*techn*- (240)

**-keit:**
*Feuchtig*- (69)
*Flüssig*- (76)
*Fröhlich*- (81)
*Schwierig*- (209)
*Süßig*- (235)

**-lich:**
ähn- (1)
ängst- (3)
deut- (39)
ehr- (53)

| | | | |
|---|---|---|---|
| eigent- (54) | schließ- (201) | **-ung:** | Nahr- (161) |
| empfind-(55) | *schreck-* (205) | Entfern- (56) | Samml- (192) |
| fried- (79) | | Entwickl- (58) | *Verbrenn-* (258) |
| fröh- (81) | **-nis:** | Erwart- (61) | *Verletz-* (261) |
| gefähr- (88) | Erlaub- (59) | Erzähl- (62) | *Verpack-* (263) |
| glück- (98) | Erleb- (60) | *Führ-* (84) | *Verschmutz-* (264) |
| hoffent- (109) | *Geheim-* (89) | Heiz-(106) | *Zeichn-* (280) |
| *jugend-* (118) | Zeug- (282) | Herstell- (107) | Zeit- (281) |
| *natür-* (163) | | Impf- (114) | |
| *nütz-* (169) | **-tion:** | Kreuz- (129) | |
| plötz- (177) | Informa- (115) | | |

## 8. Grammatische Strategie

Grammatische Strategien (Abhängigkeit der Schreibweise von Wortart und Grammatik; Groß- oder Kleinschreibung, Getrennt- oder Zusammenschreibung, Silbentrennung, Zeichensetzung) erwerben die Kinder beim Anwenden der Wörter in Sätzen (vgl. Karteikarten) und beim Üben mit den Registerkarten.

PKV 109

Bibliografische Information Der Deutschen Bibliothek
Die Deutsche Bibliothek verzeichnet diese Publikation in der Deutschen
Nationalbibliografie; detaillierte bibliografische Daten sind im Internet
über <http://dnb.ddb.de> abrufbar.

Das Papier ist aus chlorfrei gebleichtem Zellstoff hergestellt, ist säurefrei und recyclingfähig.

© 2005 Oldenbourg Schulbuchverlag GmbH, München, Düsseldorf, Stuttgart
www.oldenbourg-bsv.de

Das Werk und seine Teile sind urheberrechtlich geschützt. Jede Nutzung in anderen als den gesetzlich zugelassenen Fällen bedarf der vorherigen schriftlichen Einwilligung des Verlages. Hinweis zu § 52 a UrhG: Weder das Werk noch seine Teile dürfen ohne eine solche Einwilligung eingescannt und in ein Netzwerk eingestellt werden. Dies gilt auch für Intranets von Schulen und sonstigen Bildungseinrichtungen.

1. Auflage 2005 RE
Druck       09    08    07    06    05
Die letzte Zahl bezeichnet das Jahr des Drucks.

Umschlagkonzeption: Mendell & Oberer, München
Umschlaggestaltung: Lutz Siebert-Wendt unter Verwendung einer Illustration von Gertraud Funke
Lektorat: Claudia Passek, Stefanie Fischer
Herstellung: Fredi Grosser
Illustrationen: Gertraud Funke, München
Satz: Greipel Offset, Haag/Obb.
Druck und Bindung: Verlagsdruck Ballas, Schrobenhausen

ISBN 3-486-**00068**-3